Direction éditoriale : Marie-Luce Ribot.
Création graphique : Marie Zuurbier.
Illustrations : Ganaëlle Tilly.
Photo de rabat de couverture : Philippe Salvat.
Photogravure : Labogravure Images, Bordeaux.
Ce livre a été imprimé par Novoprint (Espagne).
ISBN : 978-2-8177-1144-7 – N° éditeur : 01.02.05.24

# LE SUD EST UNE FÊTE

## POUR TOUS LES AMOUREUX DES FERIAS

Sous la direction de Benjamin Ferret

Éditions SUD OUEST

*Dans l'tourbillon de la vie, la Feria de Dax.*
*David Le Déodic*

# SOMMAIRE


**PROLOGUE**
Francis Marmande
**FÊTES REFAITES** .............. 11

## 01.
**L'ESSENCE DE LA FÊTE** ........ 23

Jean le Gall
**La morale est sauve, le diable rassuré** ................. 27

Yves Harté
**Le Sud n'est qu'un désir d'enfance prodigieusement renouvelé** ............. 42

## 02.
**LE JOUR** .............. 47

Régis Sonnes
**Vos fêtes ; un rêve** ................. 51

**Entretien avec Julien Duboué**
METTRE LE PLAT ET L'ASSIETTE AU MILIEU DE LA FÊTE........ 62

*Recette de l'omelette au piments doux des Landes* ............................ 64

## 03.
**DANS L'OMBRE DE PAMPE-LUNE** .................. 67

Chapu Apaolaza
**« Il faut profiter de la vie » – la vie à l'impératif** ......... 71

*Un encierro à Pampelune* .................. 76

**Ludovic Pautier**
**« Pampe la lune ».** 78

Zocato
**Chronique taurine**
*Roca Rey, roi des Andes et des crêtes* ..................... 83

## 04.

## ¡ TOROS ! ............ 85

Julien Lescarret
**« La solitude des jours de ferias » ............ 89**

**Claude Pelletier**
« AUX BAYONNAIS DES TEMPS FUTURS » .......... 95

**Entretien avec Charlotte Yonnet**
« EN CAMARGUE, LA FÊTE SE CRÉE AUTOUR DU TAUREAU ET DU CHEVAL » .... 99

## 05.

## ESPAGNES ....... 105

Cécile Mesplède
**L'hymne à la vie ................ 109**

Léa Vicens
**Le Rocío, carnet de bord d'un pèlerinage .. 123**

## 06.

## AU VILLAGE ..... 135

Nicolas Rivière
**Céret : un baril de poudre aux couleurs sang et or .................... 139**

**Entretien avec Caroline Larbère**
« POUR NOUS, TOREROS LANDAIS, LA SAISON SE FAIT DE VILLAGE EN VILLAGE » ..... 150

## 07.

## MUSIQUES ! .... 159

Laurent Debèze, « Tiotio »
**Les musiciens de fêtes, ces « enfants phares » ............. 165**

*Agur jaunak ................. 178*
*Partition de Paquito chocolatero .................... 179*

Les contributeurs ................. 184
L'agenda de nos fêtes et de nos ferias .................... 189

# PRO-
# LO-
# GUE

# Francis Marmande

## FÊTES REFAITES

J'aime les fêtes. Je ne m'en lasse pas.

***– Noooon! Vous n'allez pas nous refaire le coup?!? On vous a déjà lu, dans*** **Sud Ouest*****, il y a bientôt dix ans!***

Eh bien j'insiste, figurez-vous! J'aime les fêtes. Elles ne me laissent pas tranquille. Elles posent plein de questions qui sont des questions d'aujourd'hui.

***– Avouez que les Fêtes de Bayonne, vos préférées, ne sont plus ce qu'elles étaient…***

Rien de plus vrai! Moi non plus, d'ailleurs… Regardez: ces fêtes dont on croit qu'elles viennent de la nuit des temps, ont été montées de toutes pièces, à Bayonne, par décision municipale de fédérer les fêtes de quartier, en 1932. Pourquoi? pour conjurer la « crise », le chômage, et donner un peu d'espoir…

***– Un espoir quelque peu factice, non?***

L'espoir a toujours quelque chose de factice. C'est ce qui le rend lumineux. Reprenons: les « Fêtes » (et des fêtes aussi monstrueuses que celles de Bayonne) sont le fruit d'un arrêté municipal! Permettez-moi un peu de *« mesclagne »*: la Ville (Joseph Garat en est le Maire sous l'étiquette *« Union des gauches »*) met en place un fonds municipal pour secourir les plus pauvres de ses administrés. La *« bande à Nono »* (Jacques Noguès), jeunes Bayonnais bien nés, bons chanteurs, fous de la San Fermín à Pampelune, veulent en importer la gaieté à Bayonne: vin bon marché, orchestres, confettis, chants inventés… L'équipe de l'Aviron se met en tête du défilé (14 juillet 1932)… Celle, beaucoup plus prolo, de l'ASB (*« L'A.S. Battitte »*, anciens élèves de l'école Jules Ferry de Saint-Esprit) tient fièrement son rang. Tout se conjugue mystérieusement pour créer un élan populaire. Et ça marche!
C'est comme si on attendait « les fêtes », de toute éternité…

***– Ça vous reprend! En 2015 vous faisiez dans le lyrisme transcendantal, et là, vous nous la jouez sociologie politique…***

Des fêtes créées par une conjonction bizarre, avouez, ce n'est pas commun… Comparons: la guignolade du Puy-du-Fou, le copier-coller de colonisés volontaires (*Disneyland*), on peut comprendre. L'idéologie appuyée sur la finance, ça marche toujours. Mais des Fêtes (de Bayonne), décrétées en somme, en 1932, par une mixture inattendue, ce n'est pas commun, non?

*– Un rien vous enchante…*

C'est certain. Et vous n'en avez pas fini: primo, les Fêtes de Bayonne ne célèbrent pas quelque « *saint patron* », genre San Fermín à Pamplona. Pourtant, ils ne manquent pas, à Bayonne (Saint Léon, Saint André, etc.) Mais ces premières fêtes sont des fêtes laïques. Ce qui est plutôt piquant…

Deuzio, les Fêtes de Bayonne n'ont pas de but explicite: certes, les cafetiers et les manèges font leur recette de l'année, mais ce n'est pas moins un profit d'aubaine que celui, plus modeste, des « Etchegaray » sénégalais et leurs mirobolants colifichets. Ces vendeurs ambulants que l'on se plaît à appeler « Etchegaray » sont autant de figures essentielles de l'esprit des Fêtes.

Troisièmement, figurez-vous qu'une observatrice helvète, écrit (en 1932!) que les Fêtes de Bayonne sont d'une telle splendeur ahurissante, « qu'elles auront bientôt l'air d'avoir toujours existé »… On ne saurait mieux dire.

Cerise sur le gâteau basque, dès la 2e édition des Fêtes, en 1933, un journal local titre: « *Les Fêtes de Bayonne ne sont plus ce qu'elles étaient!* »

Ce ne sont pas des fêtes qu'on choisit: ce sont des fêtes qui vous choisissent. On fait les fêtes, mais ce sont les fêtes qui vous font!

***– Vous voilà reparti dans votre philosophie à deux pesetas…***

Attendez… Mes premières Fêtes datent de 1949: j'ai 4 ans, je figure en « Japonais » sur un char du corso fleuri, conçu à Saint-Étienne par Madame Larroque, l'Ariane Mouchkine du genre. Quatre ans après Hiroshima, nous faisions les Japonais, vus des Hauts de Bayonne. Cette naïveté (encore que le corso lumineux en garde aujourd'hui de beaux restes…) m'enchante et me trouble.

Autre naïveté qui s'est estompée: celle, inconcevable, des chansons de rue (« *C'est à Ba-ba…* »). Plus les poètes de l'ombre, Benjamin Gomez, Monsieur Saez, ce créateur d'un style soufflant dont les *affiches des Fêtes* qu'il offrait sans contrepartie, seront un jour reconnues en gloire. Ou Michou Padronès, génie turbulent dont la voix, l'existence et les gestes, le visage même, ce nez, sont l'essence des Fêtes. « Léon », le curieux héros du Cercle taurin, Jean-Pierre Aren et son txistu dans les rues, mon cousin Jeannot de Précilhon, capable de réunir par ses improvisations solo deux cents festayres hilares, comme les plus grands comédiens de rue, mille autres…

**La fête ou les fêtes ne peuvent faire l'économie de ces poètes, humbles ou phénomènes, qui sont à eux seuls, sans le savoir, l'esprit des fêtes.**

La fête ou les fêtes ne peuvent faire l'économie de ces poètes, humbles ou phénomènes, qui sont à eux seuls, sans le savoir, l'esprit des fêtes.

Plus mystérieux, ils auront disparu sans se douter qu'ils étaient venus, des *personnages*, des *rôles* plutôt, que reprenaient sans se donner le mot tel festayre en marge de la foule… Ces types qu'on voyait remorquer, au bout d'une vieille ficelle et de la nuit, un cageot vide emprunté au marché… Le cageot, le seul être à qui ils pouvaient confier ce que je prenais, à tort, probablement, pour une mélancolie. Ce mélange de comique et de tristesse, ce décalage, m'a toujours paru toucher au plus grand théâtre… Grock, l'impensable clown suisse, Ionesco, Beckett, Dubillard…

Les Pottorak, Lous Tiholès, « les copains » (Dirriberry, Damestoy, Dibarrart, Sabaloué, Laffite, etc.), des bandas organisées ou informelles, ancêtres des peñas, ce mélange d'initiatives et d'inconscience a de quoi sidérer.
Carnaval, fandango, l'esprit en déroute, la vie à l'envers. Joie et gloire de vivre... *Hegoak, La peña Baiona, Où vas-tu Battite*, bon goût et mauvais goût main dans la main, mélange parfait... Côté pile : mort, angoisse, démesure...

***– Au fond, vous admettez que la divine liberté qui vous enchante, est une liberté surveillée, socialement contrôlée, limitée, quelque autre opium du peuple...***
Décidément, c'est une manie chez ceux qui se méfient des fêtes, de recourir à Marx (« *la religion, c'est l'opium du peuple* »), pour me coincer... Soit dit entre nous, Marx ne « moralise » pas l'opium. Pas plus que Freud, la cocaïne... Marx note joliment que « *la religion est le soupir de la créature opprimée, l'âme d'un monde sans cœur, de même qu'elle est l'esprit d'un état de choses sans esprit. Elle est l'opium du peuple.* » Le bonheur réel du peuple exige que la religion soit supprimée en tant que « *bonheur illusoire du peuple.* » Il critique le côté illusoire de la religion. Mais il ne moralise pas. C'est un choix radical, mais c'est un choix. Vous voyez ? Épargnez-moi, s'il vous plaît, « le pain et le cirque... » je ne vous parle pas du bien et du mal. Je vous parle des Fêtes.

***– Vous voici bien pessimiste... Serait-ce l'âge ?***
Peut-être : c'est la pensée, surtout... Côté pile encore : l'esprit de système et de compétition, partout répandu, cette avidité de prouesse, de dépassement, la soif de records que l'ultra-libéralisme impose avec éclat, ne peut que déteindre sur les fêtes de partout, non ? Se laisser gagner par l'ivresse (à Séville, à Pamplona ou dans les petites fêtes de village au Pays basque), c'est un plaisir sans nom.
Boire sans soif, c'est tout un art. Mais se goinfrer d'alcool (*binge drinking*, cette beuverie accélérée) comme on bat un record, passer la surmultipliée avec des drogues de synthèse, ça change la donne...
J'aime les fêtes comme on aime la nuit, la joie, la musique, l'esprit du vin, l'ivresse, la révolution ou l'amour. Le vrai point politique des Fêtes de Bayonne, c'est que les responsables (élus, présidents de comités, tout ce que vous voudrez) ont fait les Fêtes. Ça change tout.

***– On s'y perd...***
L'assentiment aux fêtes n'a rien à voir avec votre « moraline ». La fête ? Jeu risqué avec la violence, tangence sans raison, rien de nouveau sous la lune. Seule nouveauté, le changement d'échelle, l'ampleur, la massification, la densité, le cauchemar désiré. Mettons que les fêtes soient l'expression des sociétés... Elles changent au rythme des changements sociaux. Une société dont le MMA est la nouvelle idole ; une société dont les « *stats* » (en foot et bientôt, je le crains, dans le rugby professionnel), sont la jauge ; une société dont les jeux s'accommodent des « commotions cérébrales (foot et rugby) ; une société dont la « *politique culturelle* » est celle du néo – fascisme italien (interdiction des fêtes spontanées, des *rave parties*, pénitenciers pour tous, grand remplacement humiliant des grandes inventions comme le Piccolo Teatro de Milan, interdictions comme programme commun) ne me dit rien qui vaille...

***– Vous mélangez tout… Vous n'allez pas me dire que vos fêtes, aujourd'hui, aujourd'hui, ont quelque chose à voir avec vos fêtes de 1949…***

Ne me prenez pas pour plus idiot que je ne suis… D'abord, je ne vais rien vous dire… Et si je disais, je vous décevrais… Simple détail : longtemps, les Fêtes (de Bayonne) ont été celles du petit peuple de Bayonne. La bourgeoisie, les « vieilles familles bayonnaises » ne s'en mêlaient pas trop, ou alors, à part. Elles les craignaient. Les trouvaient vulgaires. Elles l'étaient, d'ailleurs, c'était leur grandeur. Les bonnes des docteurs allaient aux Fêtes, pas les docteurs.

Vous aviez des orchestres qui jouaient terrible (Perez Prado, *« le roi du mambo »*). La joie comme la violence étaient déjà de la fête. Un rien pouvait être la goutte d'eau qui met le feu aux poudres… La venue des « Montois », les rixes avec les « paras », les querelles de clochers qu'on s'inventait à tout bout de champ. J'ai fait les fêtes avec de merveilleux copains très bagarreurs. Je connais. N'ayant rien d'un bagarreur (ni les moyens), je me contentais, par la tchatche ou le logos, de séparer les énervés, j'y prenais plaisir, je retrouvais des copains d'école… Je ne m'y risquerais plus… Ce qui a changé remonte des mouvements intestinaux du corps social. Et aussi, de ce renversement qui a vu les classes supérieures se mêler aux manières du peuple, vouloir les singer.

***– Vous mélangez tout, ça vous arrange…***

Oui et non. Regarder, écouter, m'amuse. Chacun selon son âge. Je déteste la nostalgie, ce nom de médicament. Les Fêtes (de Bayonne) se sont scindées en jour et nuit. C'est le jour charmant (enfants, familles, chanteurs, déambulations) avec mangeoirs à prix fixe (plutôt élevé) sur tous les trottoirs etc. Allez chercher une place solo quand vous avez 80 ans, vous m'en direz des nouvelles. La nuit, c'est le délire illimité, une rave à ciel ouvert, le règne des excès qui sont l'âme des Fêtes, la mort au bout. Ce nouveau rite s'est développé partout, à Belleville où j'habite depuis trente ans (le dernier quartier de Paris qui ne soit pas muséifié, on vient s'y encanailler, c'est à mourir de rire), à Bordeaux, les jeudis soirs des étudiants, à Nantes…

En 2023, à Bayonne, un « incident » – tu parles ! – a causé la mort d'un homme. Il se nommait Patrice Laniès. Ce n'est pas le premier mort des Fêtes, mais la forme de sa mort est dégueulasse. Immédiat retour du refoulé, les bons esprits y sont allés de leur catéchisme : les salauds qui ont battu à mort Patrice Laniès ? *« Ils »* n'ont pas les codes, *« ils »* ne sont pas de chez nous (*« Chez nous, soyez Reine, tralala »*), il faut les rééduquer, les initier… J'ai quitté Bayonne en 1962, sans jamais cesser d'y revenir… Combien de fois aurai-je été soumis à la question pénible : *« T'es d'où, toi ? »* Les fêtes, c'est la question de *l'Autre*, de l'étranger, des cités, du prix prohibitif des consommations, de la rivalité usante des décibels, de bar en bar… Rien n'interdit après tout d'encadrer les prix des consommations et le niveau des décibels…

***– C'est vous qui dites ça ? Je vous croyais anarchiste, acharniste même, il est interdit d'interdire, bla-bla-bla…***

Ne cherchez pas la chicane. Nous parlons des fêtes, c'est très sérieux et déconnant à la fois. Vous admettez bien, vous-même, que l'hygiène, la sécurité sanitaire, les précautions élémentaires soient encadrées, non ? Alors, autant être logiques. Je ne vous parle pas de fêtes involontaires (Mai-68, je pourrais raconter leur interruption, le samedi, sons et lumières coupés d'un coup, et la façon dont elles ont repris instantanément). Je vous parle du cocktail intéressant mais problématique, très explosif, entre

**Les fêtes se sont scindées en jour et nuit. C'est le jour charmant (enfants, familles, chanteurs, déambulations) avec mangeoirs à prix fixe sur tous les trottoirs (...). La nuit, c'est le délire illimité, une rave à ciel ouvert, le règne des excès qui sont l'âme des fêtes, la mort au bout.**

organisation et spontanéité. Celui des fêtes. Le même qu'en 1932, en somme, mais puissance 1 000. Hiroshima sera passé par là...

*– C'était mieux avant ? C'est ça ?*`
Vous m'attendiez au tournant. Désolé, je ne vous ferai pas le coup du *C'était-mieux-avant*. C'était-mieux-avant, on sait que ça ne tient pas la route. Faut pas le dire. Philosophiquement, ça n'a aucun sens sous le soleil de Platon. Historiquement, c'est débile. Politiquement, c'est très très dangereux. Cela dit...
La chance du Pays basque, c'est qu'il y reste des fêtes à visage humain. Pure question de culture : non pas question de « traditions », mais de culture... Sinon, les fêtes démesurées, payantes ou pas, délirantes, bi – polaires, délicieuses de jour, embarquées dans la mécanique quantique la nuit, c'est devenu une sacrée aventure... Une aventure sacrée, autant dire risquée... La levée de la raison a son prix. La jouissance, le pur caprice, l'envie des paroxysmes, se paie au prix fort. Comme toute mise en scène d'une imagination sans frein. Rien de nouveau sous la Grande Ourse.

*– Que faites-vous des corps abandonnés, des exagérations sans grâce, des filles et des garçons qui ne se connaissent plus, des odeurs méphitiques...*
Je peux les déplorer. Ça vous pose un homme sensé. Je sais qu'on n'était pas plus malin autrefois. J'ai l'âge de le dire. Les fêtes, on peut les faire de tête, de loin, à la fenêtre, dans la rue ou sur son lit de malade... J'attends toujours des surprises, des gaietés, les ineffables moments de joie passagère... Je regrette déjà le jour où j'y viendrai, sans le savoir, pour la dernière fois...

*– Vous êtes inouï...*
Je le crains... Laissez-moi, s'il vous plaît... J'ai à faire...

*– Quoi encore ?*
Rien... J'y retourne... Rien, vous dis-je... C'est difficile à saisir... Les fêtes restent insaisissables. C'est leur charme indécis auquel vous refusez de céder... Je vous comprends. J'y vais... On ne sait jamais...
Je ne suis pas sûr de faire un article dans dix ans. Ni qu'on me le demande, d'ailleurs... Ce sont les fêtes...
Ce truc qui arrive, comme la colère du bonheur, un troupeau d'éléphants, ou des musiques qui se bousculent la nuit – gaïtas, chants puissants, Lacs du Connemara, fanfares, bandas, cris –, qu'on entend avec délices, avant de s'endormir, comme une partition de John Cage exécutée à l'amiable...
J'y retourne...

*Francis Marmande*

*À Bayonne (Pyrénées-Atlantiques), la foule attend 22 heures et l'ouverture des fêtes.*
*Bertrand Lapègue*

*À Nîmes (Gard), concert du soir.*
*Ville de Nîmes*

*La Vilavella (Castellón), tauromachie de rue.*
*Florent Lucas*

Televés

*À Dax (Landes), corrida de rejoneo matinale.*
*Philippe Salvat*

« *Eh bien j'insiste, figurez-vous ! J'aime les fêtes. Elles ne me laissent pas tranquille. Elles posent plein de questions qui sont des questions d'aujourd'hui.* »

*Francis Marmande*

# L'ES-

## Chapitre I

# SENCE DE LA FÊTE

« LA FÊTE, AUSSI VIDE
DE RAISONS SOIT-ELLE,
LA FÊTE TELLE QUE NOUS
LA FAISONS CHAQUE ÉTÉ,
ROMPT AVEC LA MONOTONIE
SURPUISSANTE DE L'EXISTENCE,
AVEC LE BÂILLEMENT UNIVERSEL,
AVEC L'UNIVERS LÉGAL,
OÙ TOUT EST PRÉVU, AJUSTÉ. »

# Jean Le Gall

## LA MORALE EST SAUVE, LE DIABLE RASSURÉ

**Sous ses raisons identitaires, culturelles ou traditionnelles, les fêtes constituent aussi de formidables moments d'apprentissage. La fête apprend en accéléré les jouissances, les désillusions et la réalité. Elle apprend surtout l'amitié.**

*À Bernard « Titi » Dussarrat,*
*À Vincent, Thomas, Paul… et les autres*

Un matin du printemps 1995 à Toulouse, j'avançai dans la rue des Lois en direction de la place du Peyrou où je poussai la porte d'un bar que je fréquentais alors avec une assiduité remarquable: Le Kiproko.

M'attendaient là, autour du baby-foot, quatre amis comme on peut les rêver. En tout cas je n'en ai pas connu d'autres qui les valussent dans la fantaisie, l'énergie, l'indiscipline.

Je mets aussitôt en pause mon récit pour vous éclairer sur sa direction générale: je forme le dessein de vous raconter une jeunesse qui s'est donnée aux fêtes et aux ferias au point d'en boire toutes les couleurs. Une jeunesse qui fut belle, bien que la nature tragiquement provisoire de la jeunesse la condamne à passer dans nos vies à la vitesse d'un météore – phénomène qui divisent ensuite l'humanité en deux

**Je forme le dessein de vous raconter une jeunesse qui s'est donnée aux fêtes et aux ferias au point d'en boire toutes les couleurs.**

camps : ceux qui éprouvent le besoin de s'en souvenir le cœur étouffé, et ceux qui l'oublient avec la volonté de l'oublier.

À ces copains je fis la proposition suivante : « Et si nous allions à Vic ? ». Voyant leurs visages comme des montres arrêtées, je leur expliquai le contexte. Vic-Fezensac. Le Gers. La corrida. La fête hard-core jusqu'à l'aube. L'affaire fut vite entendue : le lendemain, nous étions lancés sur la nationale 124 avec une drôle de musique dans la radio (« Ski-bi dibby dib yo da dub dub Yo da dub dub ») et des billets de cinquante francs dans les poches.

### La fête sans étiquette

Lorsque la route va en pente douce et sinueuse vers Vic-Fezensac, que la petite ville se découvre dans le pli des collines jaunes et vertes, que son clocher émerge bonnement, on ne saurait deviner, derrière la palissade pastorale, un Pandémonium comparable à celui de John Milton.

Vic 1995 avait la force d'un ouragan : mettiez-vous un orteil dans la foule que vous étiez cueilli, transporté, projeté ailleurs. Un bruit considérable jaillissait des enceintes, des cuivres, des poitrines, les verres en plastique criaillaient sous nos pieds, partout on se bousculait, s'embrassait, s'étreignait, se giflait, le genre humain coulait dans les rues. Ah ça, il en venait des gens, il en débordait de tous les côtés, du reste il n'y avait plus de rues, plus de chaussées et à ce décor dessiné par le gros pouce d'un peintre bourré, il fallait ajouter les pires émanations, la sueur, la cuisson de la ventrèche à échelle industrielle, les vomissures, l'urine, les kilomètres cubes de bière renversée. Aucun enfer, aucun évier géant ne pouvait remugler pareille odeur, et cependant ni le vacarme ni la puanteur n'offensaient nos sens. Au contraire, nous étions balancés par un étrange va-et-vient, un mouvement d'accordéon joué par le paysage, nous étions même bercés par la fête ! La fête la plus primaire, la fête la moins apprivoisée, la fête sans étiquette : celle qui n'a que la peau sur elle.

> **Nous étions balancés par un étrange va-et-vient, un mouvement d'accordéon joué par le paysage, nous étions même bercés par la fête ! La fête la plus primaire, la fête la moins apprivoisée, la fête sans étiquette : celle qui n'a que la peau sur elle.**

Soudain un cercle se fit autour d'un homme étendu au sol. Il gisait, la joue dans une mare de sang. Un secouriste arriva, qui se mit à genoux près du corps. Là, il trempa son doigt dans la flaque rougeâtre puis le porta à sa bouche : « C'est de la sauce tomate ! » Aussitôt, chacun se mit à danser sur un rythme endiablé et je vois encore ce pompier porté en triomphe monter au ciel, et s'incruster dans la lune comme sur une médaille.

**Si la joie est une lumière pure, sans ombre, alors convenons que dans ce coin de jardin d'un lotissement quelconque l'ensoleillement fut exceptionnel.**

J'avais certes 19 ans mais une fatigue terrible finit par me hacher les jambes. Vint d'ailleurs le moment où je tombais à la renverse, vidé de mes forces. Je me réveillai une ou deux heures après sous une tente de la Croix-Rouge où l'un de mes copains avait échoué à son tour. Ni une ni deux, nous prîmes la fuite de cet hôpital de campagne en riant comme deux déserteurs. Le jour se levait que nous dansions de nouveau, cette fois sur un comptoir de bar, accrochés aux hanches de femmes qui avaient l'âge de nos mères et un peu moins de fermeté dans les principes.

De retour à Toulouse, nous propageâmes le bruit que ces ferias surclassaient toutes les bamboches de notre connaissance. Nous nous faisions surtout la promesse d'être de tous les rendez-vous, d'autant, précisons-le, que nous venions de voir triompher dans les arènes gersoises un certain César Rincon – de quoi alimenter le début d'une *afición* chez certains d'entre nous.

## Des dates impératives

Apparurent par conséquent de nouvelles dates impératives, particulièrement les fêtes de Mont-de-Marsan en juillet. J'ouvre ici une parenthèse. Mes parents possédaient dans la préfecture des Landes une petite maison où j'avais passé la majorité de mes vacances. C'est ainsi qu'ils m'avaient promené, enfant, de ferias en ferias ; quelques images tournées en caméra Super 8, étrangement tremblantes et ralenties, me montrent entre 7 et 10 ans parmi des adultes rieurs, élégants, prenant à l'évidence la vie à la légère et donc la fête au sérieux.

Ah, « La Madeleine ». Dans ce trésor de gratuité qu'on appelle les souvenirs, je n'ai rien, je crois, qui soit plus précieux. En 1995 la maison du Manot[1] se remplissait pour la première fois d'une dizaine de mes amis qui venaient jouer des coudes au milieu des générations précédentes. Lors de chaque déjeuner nous nous retrouvions, jeunes et vieux mêlés, autour de la longue table dressée sous les mûriers d'où nos rires partaient en fusées. Si la joie est une lumière pure, sans ombre, alors convenons que dans ce coin de jardin d'un lotissement quelconque l'ensoleillement fut exceptionnel. L'alcool de couleur acajou et surtout les chansons, le meilleur répertoire comme le pire, retardaient la sortie de table et c'est dans la plus grande confusion qu'à 17 h 30 « pétantes » nous partions vers les arènes. La 4L paternelle se chargeait alors de 8 ou 9 passagers qui se mettaient en boule ou, au contraire, formaient des planches jusqu'à se stratifier, leurs jambes débordant du hayon arrière. Si vite qu'elle roule, l'automobile donne l'impression d'un avion qui ne pourra jamais décoller : c'était le cas de la 4L Renault en général et de la nôtre en particulier.

---

1. Quartier de Saint-Pierre du Mont, à l'entrée de Mont-de-Marsan.

La corrida terminée, nous plongions la tête la première dans le pays sans horloge (autre définition de la fête). Un pays sans horloge, et sans boussole. Si bien qu'il arriva souvent que l'un des nôtres disparût, qu'il s'évaporât dans Mont-de-Marsan comme s'il s'était agi de New Delhi. Le lendemain, nous appelions les hôpitaux, la gendarmerie. Le copain demeurait introuvable. Et puis, deux ou trois nuits plus tard, nous le retrouvions par hasard dans une bodega avec une Landaise dans les bras et une belle-famille au complet autour de lui. D'autres connaissaient des épisodes moins vernis. Tel celui-ci, par exemple, qui termina sa course nocturne en position fœtale sur l'herbe d'un rond-point. Lorsqu'il se réveilla, il avait été dépouillé de ses vêtements et de ses chaussures. Nous le vîmes revenir, toujours aussi indulgent vis-à-vis de l'existence et de lui-même, dans son slip aux couleurs délavées.

**Collisions sentimentales**

Les ferias s'enchaînaient, avec elles les péripéties, les excès, les coups de corne. Allons-y pour un florilège. À Dax, le plus petit encierro du monde tourna court : une vache naturellement irritable mais touchée par un virus de type gastro-entérite se « vida » sur moi ; où j'appris, chers lecteurs, combien la diarrhée animale peut rivaliser avec les techniques d'écoulement, de déversement et de projection de Jackson Pollock. C'est donc maculé de bouse que je me redressais enfin, avec un air de dignité à peine froissé par l'hilarité générale.

À Saint-Vincent-de-Tyrosse, un copain réussit l'exploit de plonger la ville dans le noir. Au cœur de la fête foraine, il prit à ce garçon si peu disposé pour le football de vouloir s'essayer à l'épreuve du tir au pénalty – face à un Fabien Barthez en carton qui tournait sur lui-même. Il s'élança avec une maladresse manifeste, son tir dévissa et le ballon s'en alla loin du cadre. Là survint cet instant, rare, rarissime, tant guetté par les esthètes, lorsque « l'artistique » renchérit sur le « sportif », la « geste » sur le « geste », auréolant ensemble d'une gloire éternelle le nom du « créateur de forme » (ici dénommé Marc-Étienne Roland) : car le ballon en question percuta finalement une bombe aérosol qui traînait par terre, qui explosa, qui mit le feu à un compteur électrique où aboutissait une quantité folle de fils et de câbles. Un claquement violent se fit entendre, et tout, je vous le jure, s'éteignit aussitôt dans la nuit de juillet : les roulottes où l'on vendait des churros, les distributeurs de pétards, les autotamponneuses, et surtout le grand huit au-dessus de nous avec ses passagers bloqués la tête en bas.

Et puis la fête, ce sont aussi les moments de grâce, les alvéoles inattendues, les collisions sentimentales. Nous n'étions pas à l'abri de l'amour, de la beauté. Je me souviens du visage athénien de Dominique, que nous croisions chaque année à Vic et dont deux de mes amis au moins se disputaient la préférence. Je me souviens de Fanny, à Mont-de-Marsan, d'une intelligence frappante, sans exemple, qui semblait vivre et parler en suivant les notations d'une partition mozartienne. Je me souviens encore de cette autre fille, aux taches de rousseur génialement semées sur les joues, de la nudité affolante de son cou, qui, regardant dans la nuit le vaisseau très éclairé des arènes montoises me confia sur un ton de gravité : « Jamais la tour Eiffel arrivera à la hauteur du Plumaçon[2]. »

**« Il y a un autre monde mais il est dans celui-ci »**

La décennie suivante, nous prîmes l'habitude des grandes ferias espagnoles. Pampelune bien sûr, où chacun se dilue dans la fête comme une goutte de pluie se suicide dans l'Océan. Un carnaval exagérément endurant, qui s'humanise en de rares endroits connus des habitués ; Pampelune où la « San Fermín » dut se soumettre à cette inépuisable saloperie qu'est la politique[3]. Puis Saragosse, où incapables de payer notre hôtel, nous passâmes plusieurs nuits quatre étages plus bas, dans le parking avantageusement dépourvu de caméra de surveillance. Bilbao, qu'une tristesse générale habille comme une vieille fille. Madrid, où la vie interlope a eu la bonne idée de résister longtemps à l'hygiène proliférante ; enfin Séville, où depuis les Tartessiens au moins, la ville révèle un goût pour les oranges et les originalités.

Séville mérite que je m'y attarde. Parce qu'avec nos premiers salaires, nous pouvions voyager loin et même être dignes de la reine du Guadalquivir – du moins nous pouvions essayer. Si le Campo de feria n'a jamais eu nos faveurs, nous avions en revanche vite découvert les adresses, les lieux de fête, d'excentricités et de licence dont le guide imprimé aurait favorisé notre fortune. Je ne vais pas vous faire ici le coup de « la ville à nulle autre pareille », néanmoins je ne suis jamais revenu de Séville sans penser à cette phrase énigmatique du philosophe suisse Troxler : « Il y a un autre monde mais il est dans celui-ci. »

C'est à Séville en tout cas que nous nous sommes essayés avec succès dans le registre de l'imposture. L'un des nôtres avait une vraie « gueule », disons de torero ou de chanteur flamenco, peu importe : partout où nous allions il passait la porte en premier, les bras collés près du corps, le menton sur la poitrine. Notre faux hidalgo, quoique de petite taille, en imposait. Ses chemises roses, son bronzage entretenu à grands frais, sa brillantine et ses improbables talonnettes : tout le monde y était pris. D'autant qu'il nasillait habilement l'espagnol à la façon des Andalous, se risquant à des palmas « en rythme » lorsqu'au fond de la salle un gars aux yeux de fouine faisait retentir les premières notes de guitare. De là notre admission dans des cercles privés, en tout cas fermés aux touristes, d'où nous étions chassés comme des vauriens sitôt la mystification découverte.

---

2. Nom des arènes de Mont-de-Marsan.

3. L'assassinat de Miguel Ángel Blanco, le 13 juillet 1998, que l'ETA assuma « la tête haute » : qui s'en souvient encore ?

À Séville encore, notre cercle s'élargit drôlement. C'est comme ça : la fête et surtout les arènes amenuisent le champ du hasard. Il y a, dans les gens qui s'y rendent, une proportion supérieure de personnalités charmantes et de caractères originaux. Je ne voudrais offenser personne ni rejoindre les légions des « stéréotypeurs », mais l'échantillon humain qui remplit une rame du métro matinal n'a pas, n'aura jamais, les couleurs ou le verbe de celui qui s'aligne sur les gradins des arènes. Je n'ai à cela aucune explication. Ah si, j'en ai une. Donnée il y a plus de deux siècles et demi par le marquis de Sade : « On devient stupide, dès qu'on cesse d'être passionné ». Nous, nous avons rencontré à Séville des êtres passionnés sans lesquels je ne voudrais pas être au monde. Je pense à Sylvie et à Jacques. Ils nous ont placés dans leurs roues et la ville s'est aussitôt ouverte, étendue. Ils ont été bien plus que des guides ou des hôtes : des bienfaiteurs. Je pense à Alain et à Antoine, qui ne se font pas de l'existence une idée rabougrie. Avec eux, le moment le plus anodin peut prendre une intensité luxueuse. Ils possèdent le privilège de la mémoire, la sobre ivresse de l'Esprit. Je pense à Cédric, qui semble avoir dans sa poche le trousseau de clés de tous les palais du monde. Je pense à Mario, dont l'exploration textuelle des coplas et l'amour pour l'art « circulaire » du flamenco ont enchanté nos conversations. Un soir que nous voulions entendre un Gitan dont on disait des merveilles, celui-ci s'installa devant nous sur une chaise avec sa guitare. Avant de nous dire : « No me sale », ça ne me vient pas. Et le gars s'en est allé. Muy flamenco. Aussi flamenco que s'il avait chanté du flamenco.

**Un soir que nous voulions entendre un gitan dont on disait des merveilles, celui-ci s'installa devant nous sur une chaise avec sa guitare fatiguée. Avant de nous dire : « No me sale », ça ne me vient pas. Et le gars s'en est allé. Muy flamenco. Aussi flamenco que s'il avait chanté du flamenco.**

Avec les années s'ajouta à notre bande en perpétuelle expansion des Parisiens, des Béarnais, des Anglais, des Américains, et même une paire de Grecques. Nous avons surtout découvert « les Nîmois » comme jadis un Génois les Amérindiens. Leurs chemises camarguaises sont parfois blessantes pour les yeux, leur syntaxe prend des libertés préoccupantes pour notre civilisation, ils boivent du « riflon » (du Ricard) sans jamais forcer sur l'eau, mais là où ils nous dépasseront toujours, c'est dans la gaieté. Une gaieté généreuse. Parce que la gaieté, ça ne peut venir que du cœur, ce cratère du caractère.

## Comme des barques à contre-courant

Je voulais résister à cette tentation fitzgéraldienne qui consiste à mélanger, comme dans un shaker, le gin à la mélancolie, le vin aux fêlures, la fête avec l'effondrement. Je voulais, et puis je n'y arrive pas. Oui le passé dure longtemps. Oui nous luttons en vain, comme des barques à contre-courant, pour ne pas être refoulés vers notre point de départ. Et oui, « c'est moi, la Mort, qui mets l'automne après l'été[4] ».

---

4. Saint-Paul-Roux.

Les fêtes ont continué. Elles continuent. Certains de nos amis ne sont plus là. Dans la fête plus qu'ailleurs, les disparus nous manquent. Cependant, c'est la défection des vivants qui me désenchante le plus. Ainsi se délie-t-on de l'amitié en laissant derrière soi un univers inachevé : c'est humain, c'est bourgeois, c'est dommage.

Ces absents : auraient-ils eu honte de nos fêtes ? Leur paraissent-elles vulgaires, ringardes ? Ma foi, c'est probable. Elles sont ce qu'elles sont, et elles ne sont que ça. Les ferias, un « évènement culturel » ? Allons, à d'autres. Quel office du tourisme d'Aquitaine ou d'Occitanie, quel tartuffe de la démocratie locale, oserait en faire la promotion comme s'il s'agissait de la Mostra de Venise ? En 2011, j'ai invité un ami journaliste du *New York Magazine*, Geoffrey Gray, à m'accompagner à Vic-Fezensac. Le papier qu'il en fit évoquait un « Bullfighting Woodstock » : la vérité vécue approche la vérité.

Poursuivons notre exercice de franchise. À partir de la fin des années 1980, les ferias françaises ont copié les fêtes navarraises : en reprenant la fameuse tenue rouge et blanche, en limitant leurs perspectives à une saoulerie bon marché. Regardez donc les images, les photographies, qui nous parviennent des lointaines décennies. J'ai eu la chance, il y a peu, de voir un documentaire sur le séjour de Paco Ojeda à Dax en 1984[5]. Cette foule qui se presse autour de lui, alors que le torero avance en habit de lumière vers les arènes, cette foule courtoise, sur son trente-et-un, si elle est effectivement d'un autre temps, semble surtout venir d'un autre pays. D'un autre continent.

Aucune loi ne défend la version officielle des choses, mais toutes vous punissent du moindre préjudice porté aux apparences. Aussi vais-je transgresser ces lois en prétendant que si « nos » fêtes méritent d'être courues, si elles méritent de durer, ce n'est pas pour les fausses raisons identitaires ou culturelles ou traditionnelles qu'on lira sur les dépliants.

### Le « grand relâchement » estival qui dérange

D'abord ces fêtes constituent de formidables moments d'apprentissages. Souvent la famille est un lieu de congélation, l'entreprise un tombeau de l'esprit, : la fête, elle, apprend en accéléré les jouissances, les désillusions, la réalité. Elle apprend surtout l'amitié. Cette couture impensée qui va lier deux individus « parce que c'était lui, parce que c'était moi » : Montaigne lui-même cite la « grande fête » comme le prélude idéal à la plus désintéressée des affections humaines.

Et puis la fête, aussi vide de raisons soit-elle, la fête telle que nous la faisons chaque été, rompt avec la monotonie surpuissante de l'existence, avec le bâillement universel, avec l'univers légal, où tout est prévu, ajusté. Elle sape l'hygiène et la prudence, surtout elle contredit le nouvel ordre des choses, celui

---

5. *Ombres et lumières*, réalisé par Paule Zajdermann et Yves Harté.

qui délivre par milliards ses certificats d'inexistence. Dans la fête, nous vivons un moment d'abandon – pourquoi pas de bêtise – ô combien bénéfique ; et s'il fallait plaider notre cause jusqu'à son dernier argument, alors il se vérifiera que ce « grand relâchement » estival est mille fois moins dangereux que la capitulation intellectuelle permanente devant les écrans de toutes sortes.

**Ce « grand relâchement » estival est mille fois moins dangereux que la capitulation intellectuelle permanente devant les écrans de toutes sortes.**

À l'heure des grandes messes militantes et de la résurgence des catégories morales, à l'heure où toutes les valeurs sont coulées dans le moule du Bien et du Mal, à l'heure où les rassemblements consistent à hystériser des communautés de goûts et d'opinions, à l'heure où les mots dérivent loin de leurs sens et où l'on tente de s'arranger avec la réalité pour se dire « heureux » ou en « liberté », à l'heure où les champions de l'obscurantisme passent pour des lumières, à l'heure où les proviseurs et les moyens de surveillance pullulent, à ce moment-là donc de notre irrésistible progrès, les fêtes du Sud font encore figure de miracle, de remède, de pause, de défouloir.

C'est pourquoi en vérité elles dérangent. Vous en voulez la preuve ? N'avez-vous pas remarqué combien les festivals d'été et les carnavals plus au nord accaparent l'espace médiatique national tandis que nos ferias en roue libre demeurent embarrassantes – « gênantes » ? Le Hellfest fait deux fois moins d'entrées que les Ferias de Dax, et cependant il génère cinquante fois plus de reportages. C'est parfaitement normal : le Diable est chez nous. Il y est royalement traité.

Les hommes peuvent bien décider ce qu'ils veulent, par exemple d'être « comme il faut », cela ne pèse rien par rapport à leur nature. Le 17 juillet 2024, je prendrai la direction de Mont-de-Marsan. À Paris, dans mon environnement professionnel, j'indiquerai m'absenter pour quelques jours de « repos en famille ». La morale sera sauve. Vers 1 ou 2 heures du matin, peut-être avant, on me trouvera en train de toréer les voitures, les passants, les passantes. Je serai ivre. Et le diable, encore lui, rassuré.

*À Pampelune, le pétard du chupinazo lancé du balcon de la mairie navarraise sonne le départ des fêtes de la San Fermín.*
*Bertrand Lapègue*

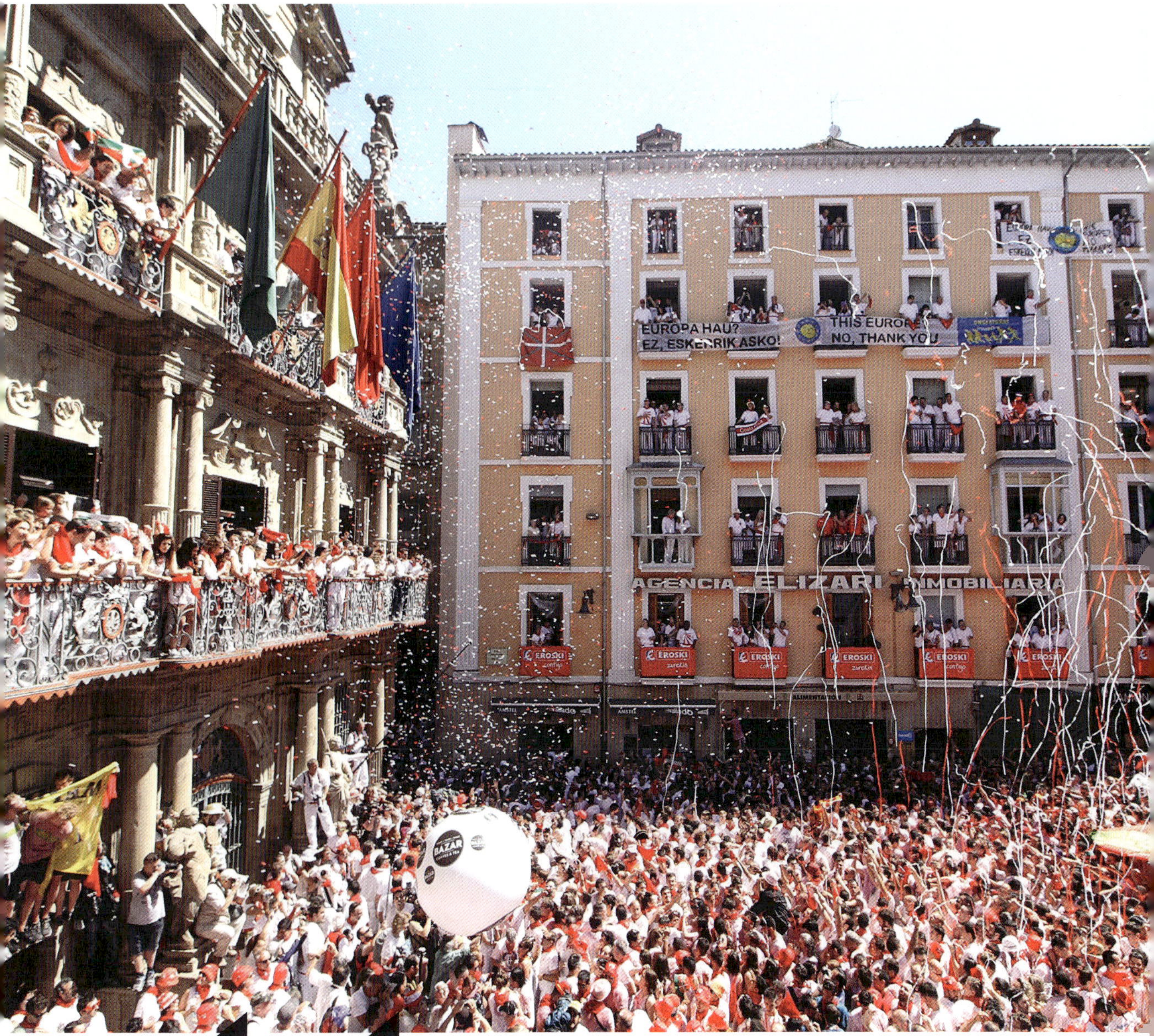


« *Pampelune bien sûr, où chacun se dilue dans la fête comme une goutte de pluie se suicide dans l'Océan.* »

*Jean Le Gall*

*Gogo Lobato*

*Séville, sa feria et ses arènes de la Maestranza.*
*Pascal Bats*

*Robe flamenca et chapeau andalou sur le chemin du Rocío.*
*Vámonos*

« *Je forme le dessein de vous raconter une jeunesse qui s'est donnée aux fêtes et aux ferias au point d'en boire toutes les couleurs.* »

*Jean Le Gall*

*À Vic-Fezensac (Gers), fanfares et déguisements sont de rigueur à la Pentecôte.*
*Philippe Bataille*

*La foi dans la fête passe à Bayonne par une messe des bandas.*

*Bertrand Lapègue*

*Les plus jeunes festayres courent « l'encierro des pitchouns » au matin de la Journée des enfants de la Feria de Dax.*
*Isabelle Louvier*

*D'arène en arène, de fête en feria et de ville en ville, du Sud de la France et d'Espagne... Vont les toreros.*
*Philippe Salvat*

# Yves Harté

## LE SUD N'EST QU'UN DÉSIR D'ENFANCE PRODIGIEUSEMENT RENOUVELÉ

**Inutile de chercher à définir les frontières géographiques du Sud. C'est une permanence olfactive qui convoque l'odeur des pétards et celle des fauves du toril.**

Tout recommence chaque été dans une France de tuiles romanes et de pastis, de bastides à hirondelles et de rugby finissant. Tout, c'est-à-dire l'appel d'une fête qui désigne le Sud. Inutile d'en tracer les frontières. Elles appartiennent à une géographie intime que l'on emporte avec soi, carte IGN personnelle, pourvue de sentiers inconnus, de haltes saisonnières, de villages ignorés.

La seule définition officielle de ce continent hésitant, fragmenté, illusoire et pourtant réel est tombée un jour de la bouche du président des référés de Toulouse. Dans une envolée poétique, surprenante dans cet environnement juridique, il a définitivement installé la tauromachie dans « une vaste région qui s'étend des garrigues provençales aux vagues atlantiques ».

À vrai dire, on serait bien heureux de s'en accommoder. Car le Sud dont nous aimerions parler s'échappe de ces frontières. Il est rebelle aux cages et se moque des tracés. Il envoie ses particules solaires pour des nuits boréales, bien loin de son épicentre aujourd'hui encore inconnu (certains parlent de Toulouse comme d'autres de la gare de Perpignan). Quelques-uns, en accolant l'Ouest, lui confèrent une proximité océanique que réfute, indignée, la majorité tenante de racines méditerranéennes.

Posons-la, aux alentours de Pentecôte, entre Vic-Fezensac (Gers) et Nîmes (Gard). Nous ne pourrons pas être démentis. Ce dimanche et ce lundi de fin de printemps, le Sud ajoute des toros à la colombe céleste, change les langues de feu en orages noirs, mêle les différents accents dans une mutuelle compréhension. Pour un pays qui n'existe pas, c'est déjà un bien beau miracle de ramener les fêtes du Sud à la foire originelle. Ce n'est pas un simple détail.

Mais un indice fondamental dans cette recherche de limites géographiques imprécises. Or chaque fois que l'on tombe sur une ville qui transforme la foire en fête pour honorer sainte Madeleine, saint Firmin, saint Léon, saint Isidore, saint Jean ou sainte Marie, on approche du but.

### L'exquis frisson procuré

Notons au passage que l'Espagne a conservé le véritable nom : ferias. Il s'agissait alors de montrer, d'acheter ou de vendre l'élément moteur de l'agriculture de l'époque. Ici, la motricité était bovine, davantage que chevaline. Bovine et souvent agressive, fonds commun à toute tauromachie, qu'elle fût camarguaise, landaise, navarraise, castillane, portugaise ou andalouse. Courir les toros signifiait fuir devant des bêtes noires, bistres, ou couleur sable avant d'arriver sur une place sans échappatoire. Il fallait esquiver les charges et quand on avait évité les cornes en les déviant d'un mouvement de hanche ou en les trompant de l'envol d'un manteau, restait à saluer puis à savourer l'exquis frisson procuré. C'est ainsi qu'a dû se construire ce Sud intime, sensoriel, malléable et donc exportable, que l'on emprunte une ligne de chemin de fer, un paquebot transatlantique ou un vapeur sur le Mékong.

« À Manolete, le plus grand de tous », dit Belmondo-Fouquet à Gabin-Quentin, après avoir toréé les voitures de la route de Paris dans un obscur village de Normandie. *Un singe en hiver*. Ce roman d'Antoine Blondin n'a jamais mieux exprimé, au point de s'y perdre, l'éternelle nostalgie des fêtes passées et des amis perdus. Antoine Blondin pensait-il à Guy Boniface, ce cavalier des pleines lunes dont un stade porte le nom et celui de son frère à Mont-de-Marsan et à Montfort-en-Chalosse ? Nous sommes quelques-uns à le croire pour des faenas d'une autre nature, rue du Bac, en plein cœur du Paris des années 1960, à cause de la grâce d'un jeune homme qui aura toujours 30 ans et qui amenait son rire du stade de Colombes, à Cardiff, Auckland ou rue Princesse avant qu'une voiture, un soir de Saint-Sylvestre, l'ensevelisse au pied d'un platane, sur la route entre Hagetmau et Saint-Sever, dans un linceul de fer.

**À la fin d'un de ces jours de fête dont on n'aurait jamais voulu qu'ils finissent, reste une douce mélancolie, légère comme une amande et qui fait espérer en d'autres matins.**

À la fin d'un de ces jours de fête dont on n'aurait jamais voulu qu'ils finissent, reste une douce mélancolie, légère comme une amande et qui fait espérer en d'autres matins. Le Sud est un été que l'on garde en soi et qui ressurgit n'importe quand, à mille lieues de la ville qui vous a vu naître, et il n'y a pas meilleur moyen d'en combattre la fugitive tristesse que de se souvenir d'une véronique de Morante de la Puebla dans un soir de Séville.

Le Sud conserve le son des cuivres et des tambours. C'est une permanence olfactive qui convoque l'odeur des pétards et celle des fauves du toril, une mémoire de passe parfaite et de percée rectiligne sur une pelouse de Tournoi. Le Sud n'est qu'un désir d'enfance prodigieusement renouvelé.

*« Courir les toros signifiait fuir devant des bêtes noires, bistres, ou couleur sable avant d'arriver sur une place sans échappatoire. Il fallait esquiver les charges et quand on avait évité les cornes en les déviant d'un mouvement de hanche ou en les trompant de l'envol d'un manteau, restait à saluer puis à savourer l'exquis frisson procuré. »*

*Yves Harté*

*Être torero, dans les plus grandes arènes comme dans les rues, ici à Benifairó de les Valls (Valence).*
*Florent Lucas*

# Chapitre II
# *Le jour*

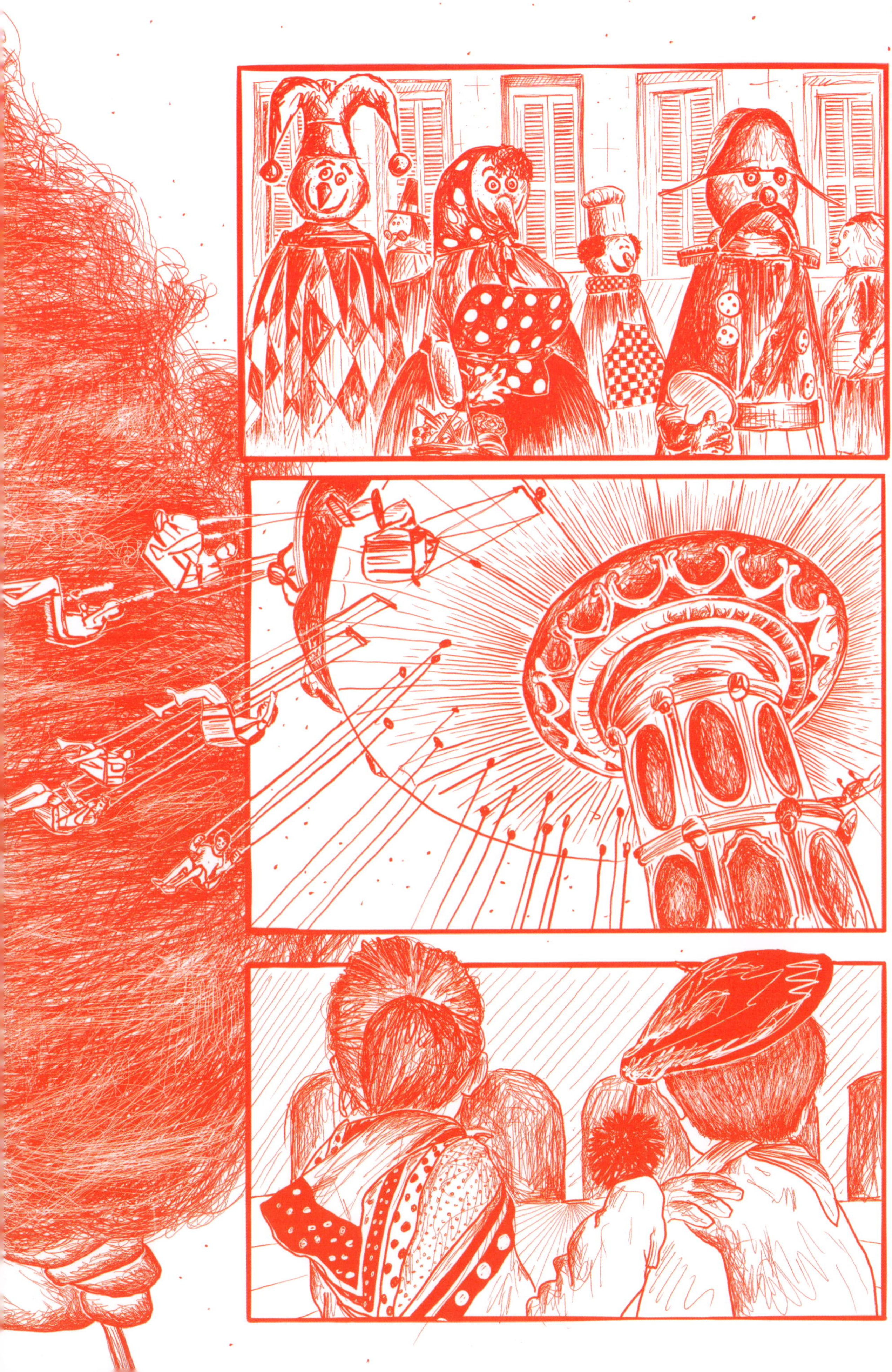

« PARCE QU'ELLE EST DIFFICILE À COMPRENDRE POUR CELUI QUI N'A PAS ENCORE VÉCU LA MOINDRE FÊTE, ON SE DOIT D'Y INTRODUIRE LES NON-INITIÉS POUR LEUR FAIRE DÉCOUVRIR CES JOURNÉES, QU'ILS REPARTENT ET QU'ILS RACONTENT AILLEURS – AVEC LEURS REGARDS, LEURS ÉMOTIONS ET LEURS MOTS – CETTE ÉTRANGE LIESSE D'ICI. »

# Régis Sonnes

## VOS FÊTES ; UN RÊVE

**Les fêtes sont un remède, une pause dans nos vies modernes, une alternative à la morosité : des vitamines de bonheur pour chacun.**

On n'est jamais aussi sérieux qu'au moment de faire la fête ! Non, non, ne rigolez pas. Je ne blague pas. Elle a beau avoir des airs futiles, des allures de déconnade et de joyeux tintamarre, notre fête reste tout un art. Ici, on ne badine pas avec ça.

Les dates sont définies et perpétuellement reconduites. Elles ordonnent notre existence en deux calendriers parallèles. Il y a celui que nous utilisons au quotidien sur le plan mondial, le Grégorien. Et, suivant notre ville ou village d'origine, s'ajoute le Localien. Lui-même connaît des horaires qui lui sont propres en fonction des jours, selon qu'on parle du calendrier « Vicoien », « Pamplonien », « Madeleinien », etc. Ici, tout se programme en fonction des fêtes : « Faut terminer les travaux de la maison avant ! », « On ne peut pas se marier à cette date, ce sont les fêtes »… « C'est un bébé des fêtes, celui-ci. »

En Gascogne, *« nouste heste »*, comme on dit encore, n'est rien d'autre qu'une ode à notre humanité. La fête est l'un de ces rares moments de l'année où toutes les générations se retrouvent et se parlent. Aussi, elle donne des bases pour la vie en communauté. Elle est essentielle pour notre évolution collective, parce qu'on ne peut devenir quelqu'un qu'au contact des autres.

Aux fêtes, on accueille nos amis et nos voisins des villages limitrophes, pour leur offrir le meilleur. On la transmet aux jeunes, pour qu'ils puissent la perpétuer et profiter à fond de cette expérience unique de partage. Parce qu'elle est difficile à comprendre pour celui qui n'a pas encore vécu la moindre fête, on se doit d'y introduire les non-initiés pour leur faire découvrir ces journées, qu'ils repartent et qu'ils racontent ailleurs – avec leurs regards, leurs émotions et leurs mots – cette étrange liesse d'ici.

***« nouste heste »***

## Dans la construction de notre éducation profonde

Cette fête est un pan fondamental dans la construction de notre éducation profonde. On ne s'en rend peut-être pas forcément compte, mais elle a un pouvoir important sur notre savoir-être et notre façon de vivre le reste de l'année. Cet élan estival, nous en avons besoin. Il est essentiel pour notre bien-être. Nous espérons les fêtes puis les regrettons. C'est notre « *reset* » annuel, durant un temps bien défini.

On s'y retrouve, surtout ceux que l'on ne voit plus qu'une fois dans l'année. Pas besoin de faire-part, d'invitation ou de convocation : on sait d'avance que l'on va se revoir, même pour un court moment. Qu'importe, il suffira à notre bonheur et permettra d'écrire un nouveau paragraphe de notre histoire commune.

Ainsi, sans le savoir, lorsque nous avons commencé à faire les fêtes, lors des Madeleines de Mont-de-Marsan des années 1980, les adolescents que nous étions encore étaient déjà en train de préparer nos ferias des années suivantes. Et c'est là, justement, toute la subtilité d'un jour de fête. Parce que nous connaissions parfaitement son rythme et ses mœurs, nous avons d'ailleurs fait le choix de ne pas toujours le suivre. Nous avons accepté les comportements anarchiques, les liaisons non dangereuses – bras dessus-dessous tout en intelligence, pour coordonner les pas – autant que les interpellations sur nos tenues. Nous avons parfois causé ce langage que nul logiciel de traduction n'a encore pu décoder, une langue tout à la fois inconnue et universelle.

Le temps est passé, nous avons toujours notre trame festive et nos paragraphes ; un plan à respecter. Être ensemble, manger, se rafraîchir, de la musique... Ce rituel existe depuis la nuit des temps. Je m'en fie à mes documents de référence : les albums des aventures d'Astérix et Obélix. Pourtant, le déroulement d'une fête n'est jamais écrit d'avance. Cette incertitude, il faut parvenir à l'accepter en arrivant à la fête. Il faut savoir se laisser porter, goûter l'instant présent tout en maîtrisant son intensité. C'est la seule façon de parvenir à surfer sur cette onde festive qui nous mènera à nos rendez-vous ou parviendra à nous dérouter de nos destinations. C'est d'ailleurs tout ce que nous aimons : l'imprévu dans le cadre.

## Des identités à préserver

La tendance apparaît pourtant à l'uniformisation de nos fêtes, en termes d'horaires, de programmations d'animations et même de tenues. Si l'on se démène pour que notre fête soit la plus belle, il ne faudrait pas qu'elle serve de prétexte à une quelconque compétition ou surenchère entre villes. Faisons attention aux dernières évolutions qui semblent s'éloigner de la logique interne ancestrale de notre fête, avec ces codes et ses rites. Que chacun garde son identité et ne cherche pas à copier l'autre. Soyez vous-même et acceptez vos

**Soyez vous-même et acceptez vos différences, comme disait l'alguazil philosophe Robert Soldevilla : « Notre laideté fait notre beauté. » Il n'y a rien de plus vrai.**

différences, comme disait l'alguazil philosophe Robert Soldevilla : « Notre laideté fait notre beauté. » Il n'y a rien de plus vrai.

L'intérêt est maintenant de chercher à « jouer le Grand Chelem » en picorant de fête en feria les particularités qui feront qu'une journée à Vic-Fezensac ou à Bayonne ne sera jamais totalement la même qu'une journée à Mont-de-Marsan ou à Pampelune. Manger des « churros con chocolate » après l'encierro de la San Fermín est un délice. Réveiller le roi Léon, déambuler dans les rues bayonnaises du Grand et du Petit jusqu'à croiser une vache sur la place Saint-André est fantastique. Se laisser porter par la musique d'une banda jusqu'aux arènes du Plumaçon où se donne une course de toro est magnifique. Poursuivre la soirée dans la chaleur des bodegas et des peñas au son des fanfares peut tenir du rêve.

Fête de rue, animée, populaire et accessible à tous : voilà pour les fondamentaux. Mais, je l'ai dit, nous devons être très vigilants. Obligations sécuritaires, normes sanitaires et comportements commerciaux nous obligent déjà à nous adapter. Il ne faudrait pas qu'ils nous renferment sur nos seuls cercles sociaux. Entre « bodegas VIP », fêtes privées et jeunesse stationnée sur les parkings des extérieurs de ville, on se croise déjà moins. Attention, à ce rythme-là, on pourrait facilement et rapidement y perdre notre âme.

Il y va donc de la responsabilité de chacun pour que l'identité de chacune de nos fêtes demeure. Soyons protecteurs et visionnaires. Notre devoir est de protéger la fête pour la prolonger. On en a besoin. Et les générations futures encore plus ! Pensons à notre écosystème festif. Il est grand temps de planter des graines pour l'avenir, afin que notre jeunesse puisse continuer longtemps de se forger personnellement et collectivement à l'épreuve des fêtes. C'est à nous de ne pas les abandonner.

Trouvons les moyens d'aller vers eux, d'offrir de notre temps, de nos joies, de nos passions, de ce qui nous pousse à nous réunir. Un sourire et une main tendue en guise d'invitation à se joindre au groupe, cela n'est pas grand-chose, finalement.

Il faut juste le vouloir et accéder au plaisir d'offrir. Un verre responsable ici, un morceau de jambon là-bas, un set de trompette ou un chant, une place cédée au comptoir, un billet pour la corrida, un foulard échangé… Dans une fête, une rencontre, une découverte, ça ne doit pas coûter et beaucoup apporter à l'un et l'autre.

*« Être ensemble, manger, se rafraîchir, de la musique… Ce rituel existe depuis la nuit des temps. »*

*Régis Sonnes*

*« Notre laideté fait notre beauté. »*
*Robert Soldevilla (1927-2018), alguazil du Plumaçon de Mont-de-Marsan et d'autres arènes des Landes entre 1948 et 2008.*
*Nicolas Le Lièvre*

*À Mont-de-Marsan, le taureau n'est jamais loin de la fête durant la Madeleine.*
*Philippe Salvat*

*La « tamborrada » rythme la déambulation de la cour du Roi Léon.*
*Jean-Daniel Chopin*

Émilie Drouinaud

*Bertrand Lapègue*

*À Bayonne, les manèges*
*peuvent tourner,*
*le Roi Léon veille.*

« Pas besoin de faire-part, d'invitation ou de convocation : on sait d'avance que l'on va se revoir, même pour un court moment. »

*Régis Sonnes*

*Les échassiers et danseuses de Lous Gouyats de l'Adour lors de la Journée landaise de la Feria de Dax.*
*Loïc Déquier*

*À Mont-de-Marsan, la feria de la Madeleine se fête en bleu et blanc.*
*Loïc Déquier*

# METTRE LE PLAT ET L'ASSIETTE AU MILIEU DE LA FÊTE

**Le plaisir de recevoir, de faire à manger pour sa famille et ses amis à l'occasion des fêtes de son village natal ont marqué le chef cuisinier landais**

*« **Manger, c'est tricher.** » **Quelle bêtise.** Bien entendu, on l'a tous fait durant les nuits de fête de notre adolescence, lorsqu'on s'interdisait tout solide pour mieux plonger dans l'ivresse. Et si je suis resté un grand enfant, que je continue à faire la fête, je n'oublie plus de manger.*

*Maintenant, je cherche même à mettre le plat et l'assiette au milieu de la fête. Lorsqu'une soirée dans un bar caché ou une boîte parisienne s'annonce, j'adore recevoir chez moi la quinzaine de personnes avec qui je vais être. Je leur fais à manger avant d'aller faire la fête.*

*Ce sens de l'hospitalité, ce plaisir de recevoir, cela me vient de mon enfance, à Saint-Lon-les-Mines (Landes), lorsque mes parents recevaient pour l'apéritif et pour manger le reste de la famille et les amis lors des fêtes du village. On se retrouvait à une vingtaine à la maison avant d'aller faire la fête, pour faire un tour de manège et danser au bal. Ma mère et mon père servaient des plats cuisinés avec ce qu'ils cultivaient et élevaient à la maison : du canard, du poulet, du cochon et des légumes. On peut donc dire que je suis né dans la fête, et qu'on nous a appris à faire la fête en accueillant les gens chez soi.*

*Plus tard, j'ai retrouvé ça en cuisinant chez Monsieur Dutournier, pendant plusieurs Ferias de Dax. Dans sa maison de Cagnotte, sur une longue table, il recevait tous ses amis. Des grands du Sud-Ouest et de Paris : des critiques culinaires, des propriétaires de grands châteaux bordelais, beaucoup de passionnés de tauromachie. Il nous demandait de cuisiner des choses simples, avec des produits de la ferme et du jardin. On se mettait en cuisine en fin de matinée pour que tout le monde passe à table vers 14 heures et puisse être à l'heure aux arènes. C'est d'ailleurs grâce à ce grand chef qui a su magnifier la cuisine du Sud-Ouest que je dois d'avoir vu mes premières corridas. M. Dutournier m'avait invité, après m'avoir permis de goûter les vins fabuleux qu'ils débouchaient pour ces déjeuners.*

*Recevoir à l'occasion des fêtes, c'est ce que j'avais d'ailleurs commencé à faire dès l'adolescence. Avec notre équipe de rugby formée par des types venus de Peyrehorade et des villages alentours, et une saison des fêtes qui va chez nous de juin à septembre, on se recevait les uns les autres. L'idéal, alors, c'était de se retrouver dans le garage des parents : on entassait des matelas au fond, on plantait des tentes dans le jardin. L'heure était aux apéritifs… Mais, déjà, on mangeait avant de finir à la fête.*

*À la maison, ma mère nous préparait toujours quelque chose : une paella, un couscous, des tripes à la tomate… Cela devait rassurer les parents qu'on ait de quoi manger. Au retour de la fête, c'était pareil. La table avait été redressée. Parfois, une basquaise nous attendait, déjà posée sur le trépied. On n'avait plus qu'à allumer le feu et jeter des œufs dedans pour faire une piperade. D'autres soirs, les piments doux avaient déjà cuit dans la graisse de canard : il ne restait plus qu'à battre 2 douzaines d'œufs et faire une omelette pour tout le monde.*

*L'omelette, cela marche encore et toujours. Par contre, je me suis rendu compte que je ne la mange plus forcément à la même heure. Aller jusqu'au bout de la nuit, on ne va pas se mentir, ça m'arrive encore. Mais j'ai aussi l'impression qu'avec l'âge, on commence plus tôt à faire la fête.*

*Voilà déjà quelques années qu'on n'attend plus la fin de journée pour se retrouver. Pour les Fêtes de Bayonne, par exemple, le rendez-vous est à 11 heures, toujours au même endroit : un café de la place Saint-André. L'idée est de poursuivre autour d'un repas. Parce qu'il faut le dire, aussi. On mange aussi de mieux en mieux dans les ferias : finie l'époque où l'on devait s'en tenir à du melon-jambon et de l'axoa en boîte !*

*Cette fête de jour, finalement, c'est celle qui me convient le mieux. Elle me permet de passer du temps avec mes enfants, de leur faire découvrir les fêtes, et mes amis. Mais, parfois, on n'est pas à l'abri que la fête commence encore plus tôt. Pas plus tard que l'été dernier, mes copains de Peyrehorade m'ont donné rendez-vous pour un petit-déjeuner. Quand je suis arrivé, vers 9 heures du matin, la plancha était allumée, de gros morceaux de lard et des cœurs de canard grillaient dessus…*

•

**Ma mère et mon père servaient des plats cuisinés avec ce qu'ils cultivaient et élevaient à la maison : du canard, du poulet, du cochon et des légumes. On peut donc dire que je suis né dans la fête, et qu'on nous a appris à faire la fête en accueillant les gens chez soi.**

•

# Julien Duboué

•

## L’omelette aux piments doux des Landes, par Julien Duboué

•

12 œufs
1,5 kg de piments doux des Landes
4 gousses d’ail
1 oignon
70 g de graisse canard
1 pincée de sel
1 pincée de piment d’Espelette

Préparer les piments doux des Landes : les égrainer, les équeuter, les couper en morceaux ; en garder deux entiers. Peler et découper l’oignon et les gousses d’ail.

Dans une poêle, faire fondre la graisse de canard. Mettre l’oignon, l’ail et les piments (y compris les 2 entiers) à confire, pendant 1 heure. Sortir de la poêle et réserver.

Dans un saladier, casser les œufs, les battre. Mélanger avec les piments refroidis, le sel et le piment d’Espelette.

Dans la poêle chaude, verser l’omelette. Baisser le feu et faire cuire lentement, en ramenant les bords de l’omelette au centre au fur et à mesure qu’ils prennent.

Plier l’omelette et servir dans un plat. Décorer avec les deux piments entiers confits.

*Restaurateur installé à Paris, Julien Duboué connaît les fêtes depuis son enfance passée à Peyrehorade.*
*Pascal Bats*

Chapitre III

# DANS L'OMBRE DE PAM-PELUNE

*Le toro… Le roi.*
*Florent Lucas*

*« Des êtres humains déterminés à être heureux, condamnés à vivre chacun de ces huit jours du mois de juillet comme s'ils étaient, non pas le dernier jour de leur vie, mais le premier. »*

*Chapu Apaolaza*

*Une année d'attente s'achève pour les Pamplonais du monde entier : à midi, le 6 juillet, les fêtes de la San Fermín vont commencer.*
*Bertrand Lapègues*

« LA JOIE EST UN SENTIMENT QUE CHACUN A LE DEVOIR D'EXPRIMER, POUSSÉ PAR UNE FORCE INTÉRIEURE QUI TROUVE SA SOURCE DANS LE BON ET L'AUTHENTIQUE. ASSUMER CETTE TÂCHE PERMET DE DONNER VIE AUX FÊTES, À PAMPELUNE ET DANS MILLE AUTRES LIEUX, ET D'ENTRETENIR L'UN DES MIRACLES HUMAINS LES PLUS GLORIEUX DE L'HUMANITÉ. »

# Chapu Apaolaza

## « IL FAUT PROFITER DE LA VIE » – LA VIE À L'IMPÉRATIF

**Sur la mappemonde des fêtes, la San Fermín de Pampelune fait figure de matrice. Un pôle torride, démesuré, hérétique qui charrie tout.**

Le bonhomme a surgi, plus bruyant qu'imposant, dans une de ces matinées ensoleillées de la San Fermín. L'effervescence du *chupinazo* et l'excitation des premières journées de fête avaient cédé la place à une nouvelle ambiance. Une certaine langueur s'était emparée de nous, quand l'esprit vagabonde et que l'on trouve du sens au moindre détail. À chaque coin de rue, on n'était pas à l'abri d'avoir une révélation joyeuse ou de découvrir une vérité sur notre existence. Nous en étions là, pas loin du nirvana pour tout « Sanferminero[1] » qui se respecte.

À la fin de l'encierro, j'avais retrouvé ma famille et appelé mon ami Tom Turley. Il m'avait dit qu'il venait de déjeuner calle Merced et que les joueurs de jota étaient là. Il était seul quand nous l'avons retrouvé, avec mes deux filles aînées. L'une d'elles voulait une croquette et l'autre, qui venait de se faire une blessure au genou, a été soignée dans la pharmacie à côté. Tom était seul devant son café, servi dans un verre à vin. À l'abri d'un parasol, il attendait je ne sais quel lumineux bonheur pour que la journée trouve son rythme.

C'est à ce moment-là que la vérité vraie nous a été révélée, par surprise et sans fard, quand ce petit bonhomme est sorti du bar, a fait deux pas vers le centre de la rue, un verre de patxaran à la main, et poussé son cri de guerre : « *Haaaaay* », dit-il alors, en allongeant la voix comme s'il entamait une prière du haut d'un minaret. « *… Hay que vivir la vida !* » (Il faut profiter de la vie, N.D.T.).

---

1. Sanferminero : participant aux fêtes de la San Fermín de Pampelune, organisées chaque année entre le 6 et le 14 juillet.

**Pour moi, il ne pouvait s'agir que d'un sage. Car ce jour-là, avant-même qu'il ne pousse son cri, cet homme nous a montré combien il assumait son existence. Une chose à laquelle certains ne parviennent même pas au bout de leur vie.**

### Accepter son destin

Nous sommes restés là, à le regarder du coin de l'œil, pour essayer de savoir d'où il venait et la raison de ses paroles. L'homme était Français. On l'avait compris à sa façon de rouler le R final de « vivir », parce qu'il portait un foulard Paul-Ricard assorti au rouge foncé du bout de son nez, une chemise blanche à manches courtes, un pantalon blanc tenu par une ceinture noire et, aux pieds, des chaussures de montagne.

Il faisait partie de ces gens à qui on ne la fait plus, de ces hommes qui n'ont peur de rien et qui acceptent leur destin quel qu'il soit. En s'habillant pour venir à la fête, il sait déjà qu'il pourra finir à dîner dans un restaurant étoilé Michelin ou s'écrouler endormi dans l'herbe ; qu'il pourra se trémousser aux abords de la kermesse de Antoniutti, rencontrer la femme de sa vie, faire l'amour dans un parc ; qu'il aura à se jeter au sol de la rue Mercaderes et se fera marcher dessus par des taureaux lancés au galop. Tout cela, parfois, consécutivement.

Pour moi, il ne pouvait s'agir que d'un sage. Car ce jour-là, avant-même qu'il ne pousse son cri, cet homme nous a montré combien il assumait son existence. Une chose à laquelle certains ne parviennent même pas au bout de leur vie.

### Un moment rare

Quand son premier cri s'est terminé, il n'a regardé personne. Il n'a rien attendu. Mes filles ont terminé leur soda à l'orange et n'ont même pas tourné la tête. La rue était plus ou moins vide, à l'exception de quelques tables qui finissaient de déjeuner. Tom et moi nous sommes regardés, conscients de vivre un instant rare. Nous n'en avons pas dit plus. Nous avons suivi ce qui se passait avec une apparente indifférence, craignant peut-être de briser la magie du moment si nous intervenions par un commentaire.

Notre ami a alors fait trois ou quatre pas dans la rue en direction des arènes et des platanes au loin, frais et vert. Puis il a stoppé, a fait demi-tour, est remonté au beau milieu des tables de la terrasse où s'amoncelaient les restes des repas, les bouteilles à moitié vides, le désordre des plats et les formes dessinées avec un bout de pain sur la toile de l'assiette, dans des tons presque orange, rouge et jaune d'un coucher de soleil sur Arles peint par Van Gogh.

Soudain, il s'est arrêté, s'est redressé, son verre reposant sur l'arrondi de son ventre. Il a regardé cette fois le haut de la rue, dans le soleil d'où nous parvenait le bruit lointain d'enfants s'amusant sur des balançoires. Les pieds rivés sur le sol, il a souri un peu et a recommencé à crier : « *Haaaaaay que beber vino!* » (Il faut boire du vin, N.D.T.). Il a continué, sur tous les tons, sa prière pour dire qu'il faut aller à la corrida, venir à Pampelune pour chanter une jota, courir l'encierro... Et tout un tas d'autres injonctions naturellement contenues dans le premier : « Il faut profiter de la vie ».

Tom et moi suivions les évolutions de ce Démosthène arrivé d'Athènes jusque dans la rue de Pampelune, au matin d'un 12 juillet. Nous le voyions comme un messager chargé de nous rappeler des choses sur l'existence et, la plus importante de tous, que la vie est un impératif.

### Injonctions au plaisir

En cela, les Sanfermines de Pampelune sont un plaidoyer en faveur de la vie, chose aux antipodes de la survie. De toutes ces phrases qui s'étaient envolées entre les hautes façades de la vieille ville, nous aurions pu en ajouter cent autres. C'est d'ailleurs ce que nous avons fait les jours suivants, lorsque nous avons crié à notre manière qu'il faut manger une bonne côte de bœuf, qu'il faut suivre les musiciens de la Pamplonesa pour accompagner le train d'arrastre[2] jusqu'aux arènes, qu'il faut lâcher un « prout » de peur avant l'encierro, qu'il faut manger un bout avec les copains de Navarrete dans les gradins au soleil, qu'il faut regarder un joli popotin marchant dans la rue, qu'il faut boire à la gourde. Et, surtout, faire toutes les choses qui ont rendu et rendent nos existences si agréables, chaque année, entre le 6 et le 14 juillet.

Nous avions compris que la partie la plus importante du discours du bonhomme n'était pas contenue dans ses propositions. Mais, dans les premiers mots : « Il faut ». Nous savions, nous comprenions, nous avions devant nous la preuve que la joie est un sentiment que chacun a le devoir d'exprimer, poussé par une force intérieure qui trouve sa source dans le bon et l'authentique. Assumer cette tâche permet de donner vie aux fêtes, à Pampelune et dans mille autres lieux, et d'entretenir l'un des miracles humains les plus glorieux de l'Humanité.

**Faire toutes les choses qui ont rendu et rendent nos existences si agréables, chaque année, entre le 6 et le 14 juillet.**

### Le toro comme mètre étalon

Plus que des chiffres de fréquentation, des litres ingurgités, des minutes et des secondes de l'encierro de Miura, les fêtes de la San Fermín ont pris pour mètre étalon le toro. Il nous renvoie à notre humanité, l'animal a signé un pacte et nourrit la part lumineuse de notre vie. J'ose parler d'un contrat social, intime et profondément humain. Il nous permet de prendre conscience de la néces-

2. Train d'arrastre : mules chargées d'évacuer la dépouille du toro lors d'une corrida.

sité d'être heureux, parce qu'il nous indique notre finitude, nos limites et nos faiblesses.

Aussi, l'exhortation à l'existence de ce petit bonhomme me rappelait l'invitation de Thérèse d'Avila lorsqu'elle écrivait que chacun doit passer « des ténèbres à la lumière ». Je m'en souviens, au moment où certains ennemis du genre humain critiquent nos fêtes. Vivre serait devenu une faute, au prétexte que nous devrions nous contenter d'errer dans une vallée de larmes d'où il faudrait nous enfuir au plus vite.

C'est la raison première pour laquelle je vénère les fêtes de Pampelune. Avec son bruit et sa joie, elles s'opposent à tout ce qui pourrait nous laisser croire que notre vie est vaine. Je me rappelle que durant la pandémie, quand les cerfs s'arrêtaient dans les stations-service et les sangliers parcouraient les rues vides, des tristes sires s'étaient réjoui que la vie reprenne ses droits.

Moi, je préfère rester avec cette façon de vivre qui est celle de tous ceux qui viennent à la San Fermín. C'est la mienne, la nôtre. Bruyante, pleine de contradictions, débordante, consciente et intentionnellement intense, cette existence se situe à la frontière entre la fête et la tragédie. Le moment permet à l'être humain de côtoyer les formes émotionnelles les plus sophistiquées. Il le fait rompre avec sa routine narcotique et le fait sortir des embouteillages de semaines dans lesquels on attend la fin de journée du vendredi.

**Les fêtes de la San Fermín ont pris pour mètre étalon le toro. Il nous renvoie à notre humanité, l'animal a signé un pacte et nourrit la part lumineuse de notre vie.**

### Permission de vie

Les fêtes de la San Fermín se vivent comme une permission de 24 heures dans nos vies, un jour entre deux encierros. On en revient à ce toro qui, chaque matin, piste les veines fémorales, applique les plans de la mort, de la violence et du malheur. Lui seul nous permet de comprendre que chaque jour, chaque déjeuner dans la calle de la Merced après avoir couru l'encierro et entendu une jota, offrent des instants susceptibles d'être fêtés avec une intensité qu'on ne peut comprendre un dimanche pluvieux de mars, à Madrid.

C'est pour cela que je continuerai, tant que je le pourrai, à me rendre jusqu'au départ de l'encierro, le cœur tendre et palpitant. Cuesta de Santo Domingo, appuyé contre un mur, j'affronterai la peur. Je songerai au fait que d'autres nous succéderont. Puis je soufflerai une dernière prière au moment d'apercevoir au-dessus des têtes le troupeau de toros grimper vers moi en avalant cette côte si rude et si droite.

Alors, il me faudra faire le premier pas, allonger la foulée. Il me faudra rentrer les reins pour apercevoir dans leur creux le frisottis d'un regard noir et brillant comme du cristal.

Oui, il faudra le faire, pour ensuite pouvoir nous perdre dans l'ivresse de la fête. Il faudra que l'on déjeune, que l'on boive. Il faudra que l'on aille danser au Baile de la alpargata[3], que l'on fasse encore des enfants pour les amener voir les Géants, courir devant les Grosses têtes. Puis, à leur tour, il leur faudra descendre cette côte, quand nous serons vieux. En rentrant dans ce cycle, ils deviendront alors des êtres humains déterminés à être heureux, condamnés à vivre chacun de ces huit jours du mois de juillet comme s'ils étaient, non pas le dernier jour de leur vie, mais le premier.

3. Baile de la alpargata : un bal donné au Nuevo Casino, une association fondée en 1856, à l'étage d'un immeuble de la plaza del Castillo de Pampelune.

# UN ENCIERRO À PAMPELUNE

*Il est 8 heures, Pampelune s'éveille.*
*Pedro Armestre*

# « Pampe la lune »

**Que reste-t-il d'années passées à fréquenter les fêtes de la San Fermín ? Des images et des mots d'un poète, à lire à voix haute.**

« Forse un giorno meglio mi spiegherò…
Et alors, Monsieur Hemingway,
ça va ?
Et alors, Monsieur Hemingway,
ça va… mieux ?… »

On n'était plus là-bas mais. La voix de
Paolo. Conte. On l'écoutait. Toute une année
à penser. « Ya falta menos ». Ça orchestrait
la juste griserie des souvenirs.
Du Gas.
De Santo Domingo. De Los del bronce du bar
El ruedo des côtelettes d'agneau des ballons
d'anis « Chico/Chica » – sec del Mono et doux
de Las cadenas – du club taurin au-dessus de
la Plaza del Castillo.
Du caldo con yema.
Des litres d'eau versés depuis les fenêtres.
Des jours. Passés à se chercher sans se
trouver des jours passés à trouver d'autres
locos sans
les chercher. Des cabezudos. De l'apartado.
Des fois. Où on s'est juré de courir. Mais où
on a juste acheté le Diario. De Navarra.
De la verbena.
Des dianas de La Pamplonesa du Riau Riau au
Pobre de mi. Des seaux de champan montés
jusqu'au haut des arènes. Des plumes et du
goudron. De la douche. Au fond du parking
du collège français. De la sangria. Lancée
aux picadors. Des bocadillos salvateurs. Du
bonheur de se lever n'importe quand et de
trouver un cosmos.
En fête permanente.

Des dizaines de drapeaux français. Barrés d'un « boicot » rageur. De la chaleur des transactions avec nos revendeurs honnis & favoris pour avoir. Le sésame. Les « tickets para bullfigh ».
Des regards.
Des coureurs du bruit des sabots du frisson de la foule entre 8 h et 8h04. Parfois plus.
Des reins.
Des filles qui dansaient. Les fandangos autochtones. De l'attente de la rosée. Dans la voiture de Lucas. Avant. Que la guardia civil n'ouvre la frontière. Comme une porte sur une autre planète.
Des manifs la mémoire de German à tout va. Fièvre martyr fête conscience politique.
Des kalimotxo.
Des conseils de Michel Bres dans la revue Toros pour aller voir le Txiki. Du rabo coupée par Espla de « bim bam bùm! la revolucion » de François Coupry. Dans « Torero d'or Racontant.
À Catherine Clément son ami impétrant plus athée que Durruti himself.
Il lui disait avoir. Cru. Au divin en voyant Antonio Jose Galan – le coiffeur! – porté a hombros après son coup d'épée à corps perdu. Sans muleta. Sous un orage. Sans mesure. De Rafa Cañada toreando et Jean-Louis Haurat trottinando dans le callejon. Les épées à la main.
De la cuajada au goût d'herbe sauvage.
Des vibrations. Montant sous la grande porte. Quand ceux de San Juan passaient avec leur houle de calicots.
De Carasucia.
Tatoué du numéro 69 et du fer de Guardiola Fantoni. De Morenito de Maracay lui perdant les papiers. Des amours perdues des amours réveillées des bougies mouillées de larmes de la peña des suecos si gros qu'ils achetaient 2 places pour un seul cul.

De la « chica yeye ».
Du blanc & du tinto du rouge & du blanco marquant au fur et à mesure des heures les cachirulos les blusas les fajas la peau les ongles les dents. Maculés de nuit. Immaculés à nouveau au matin.
Les coussins.
Siglés « Casa de misericordia ». Chipés à la barbe des employés des arènes. Exhibés en trophée de retour aux pénates. Des tapas de La
Iruña du clarete des voisins de tendido. Venus de Laguardia où paissaient les toracos de Molero Hermanos.
De Ronceveaux.
De Burguete du soleil se lève aussi de la statue de papa Ernest.
Bâtie à sa faconde. Et. Des bancs pour s'endormir un peu enfin. Pas trop.
Le retour à la vie moins décuplée à la mort plus terrassée.
De la chanson de notre « Sparing partner » qu'on a toujours fredonné au retour sans savoir ce que disaient exactement les paroles…
« … Questa strada zitta che vola via / come una farfalla, una nostalgia / nostalgia al gusto di curaçao… »
Aujourd'hui, nos espadrilles sont rangées.
Les gourdes « tres zetas » s'effilochent au fond du placard. Mais vers le 6 juillet à midi on a toujours. Un pincement dans les cordes du piano. À gauche. Sous la poitrine.
Souvent on fait semblant de souffler dans un kazou imaginaire…
Allez. Savoir. Pourquoi.

Chupinazo, rouge.
fond des chaussures de Juana Amaya, rouge.
langue du Dolores Aguirre, rouge.
lamina propria de Segundo Falcon, rouge.
panse de la muleta, rouge.
trou souillé des aiguilles, rouge.
diaphragme de La Macañita, rouge.
bandeau sur 88 poèmes d'Hemingway, rouge.
sauce des tripes andanada 8 sol, rouge.
main du mozo dans l'eau froide, rouge.
sol de Saint-Roch, rouge.
tinto de verano, rouge.
drap au fond de scène, rouge.
lime à ongles de Moraito, rouge.
la rue du bureau de poste, rouge, rouge,
rouge.
son des duendes, noir.

**Ludovic Pautier**

À l'époque où je songeais à être toréador, j'ai couru 2 (lire deux) encierros en 1974.

Panique à Bord ! Une telle trouille qu'au 1er j'étais déjà dans la plaza avant le départ des toros. À l'autre un guardia civil m'a tendu la main, vu ma tronche de peur...

Le Roi de France des encierros ? Jean-Paul Sacriston, hier Alexis Persillon, aujourd'hui. Du C.T.J.A. les deux !

ZO
CA
TO

12 juillet 2023

# Roca Rey, roi des Andes et des crêtes

*PAMPELUNE*

**Morante de La Puebla**: salut au tiers et applaudissements
**Alejandro Talavante**: salut au tiers et vuelta
**Andrès Roca Rey**: deux oreilles et une oreille
Sortie en triomphe de **Roca Rey**, la deuxième après 2022, et avant sa troisième de demain?
Six toros de **Joaquin Nuñez Del Cuvillo** (565, 545, 555, 560, 565 et 515 kg) le premier de 6 ans, le restant bientôt âgé de 5 ans et donc marqué du millésime « 8 » (2018) sur la patte AVD. Un cheptel sans brio ni race, hormis chez le 3 et encore. 12 piques en s'endormant sous le matelas.

Morante de La Puebla (fraises de Lausanne) était hier en de bien meilleures dispositions que son vieux toro initial qui pivotait sur place et que le suivant, un temps épris des toiles mais démotivé illico. Alejandro Talavante (Château Thibault 2022) a bien enroulé le Nuñez n° 2, fade au final et couché en deux tirs. Idem à l'autre où il méritait l'oreille. Certes, mais ne m'en voulez pas si, parfois, je vois ce maestro plutôt délitent, lui si doué. Accueilli par une demi-douzaine de drapeaux péruviens, Roca Rey (Robe en Avignon et argent) a mis le juste feu aux poudres. La recette est si simple et si difficile à la fois: « On ne se passe pas le courage comme au foot on se passe le ballon », a joliment dit Pedro Arostegui, du restaurant du même nom. Andrès Roca Rey, sur mille et une latitudes, deux continents, un cœur et, une lame d'or! Torero des riches et des pauvres, Pérou, Pérou!

24,4 °C à 21 h 12. Billets, filon de diamants.

Menu du jour: Celui de la dégustation. Foncez sur le riz noir de txipirons et le pourceau croquant sauce à l'ail ou pas. 16,9/20. « Anttonenea » 48, rue San Anton.

Encierro du matin: Toros del Cuvillo. Durée: 2 minutes et 20 secondes. Véloces, par paire ou en trio. Deux blessés: un Catalan de 45 ans atteint d'un traumatisme crânien, tout comme un citoyen de chez l'oncle Sam, d'origine asiatique. Au cinquième encierro, ne restent hospitalisés que le coureur encorné le 9 juillet et le « doyen » (60 ans) gallois, soigné le 10 de plusieurs côtes fracturées. ■

## Chapitre IV

# ¡ TOROS !

« C'EST TOUJOURS LA MÊME SENSATION, TOUJOURS LA MÊME IMPRESSION. CELLE D'UNE AUTRE RÉALITÉ. JE SUIS BIEN LÀ, COMME VOUS, COMME EUX. MAIS PAS POUR LES MÊMES RAISONS. ALORS, MON ESPRIT SE BARRICADE UN PEU PLUS. ME VOILÀ AU MILIEU DE CE QUI RESSEMBLE À UN GIGANTESQUE DÉCALAGE HORAIRE. LA LÉGÈRETÉ S'EST ENVOLÉE POUR QUELQUES HEURES. »

# Julien Lescarret

## « LA SOLITUDE DES JOURS DE FERIAS »

**Lorsqu'on est matador de toros, la fête n'a pas le même sens ni le même rythme.**

La fête est une ode à la vie, la corrida un défi à la mort. Mais ces deux moments sont liés par la conviction qu'ils ne peuvent se sublimer l'un sans l'autre. Pour un torero, la feria n'existe que par le prisme de la passion. Il n'y a pas de toros sans feria ; pas de feria sans toros, disent-ils.

Matador de toros fait ainsi partie de ces métiers qui n'ont pas le temps d'être en retard, ni dans le geste, ni au rendez-vous de sa propre survie. Le festayre, lui, a le loisir d'être à l'heure, au rendez-vous de ses amis. Ces deux trajectoires opposées se retrouvent pourtant dans la libération des émotions. Leurs regards se croisent un peu sur le chemin des arènes. Parfois, leurs mains vont jusqu'à s'adresser un salut de circonstance. Pas grand-chose d'autre, comme deux équipes qui joueraient sur le même terrain à un jeu différent.

Ainsi, pour le torero que j'ai été, une journée de fête n'est pas une simple journée de fête. Toute mon équipe se retrouve aux arènes, le matin d'une corrida, à l'heure du *sorteo*, le tirage au sort des toros. Accolades fraternelles et palabres sont déjà enfumées par le stress et l'impatience. Moi, pendant ce temps, j'attends dans la chambre d'un hôtel du centre, dans la solitude des jours de feria.

Avant midi, il ne se passe rien. Ou si peu. Devant l'hôtel, on balaie les déboires nocturnes à grands jets d'arrosoir. Tous les matins de feria ressemblent à un lendemain de feria. La feria appartient à ceux qui se lèvent tard. Petit à petit, on voit apparaître des silhouettes, comme des flocons à la recherche des premiers glaçons de la journée.

**Au-dehors, je sais que la foule est arrivée. Joe Dassin réchauffe sa vie aux sourires des festayres, à coups de décibels qui viennent s'écraser sur la vitre de ma chambre avec vue sur la ville.**

### La tentation des réjouissances

C'est le signe visuel que j'attendais pour rejoindre ma « bulle de prévention » contre ces hallucinations festives. Il m'est primordial de rester concentré sur les raisons de ma présence dans cette fête. J'ai besoin d'y voir clair et de ne pas céder à la tentation des réjouissances. Il n'y a plus de place pour l'amusement, seulement pour le déjeuner qui nous attend, avant de rejoindre la chambre pour une sieste impossible.

J'ai beau avoir fermé les yeux, je sens bien que je n'ai pas dormi. En feria, le sommeil s'associe avec modération pour le bonheur des uns et le malheur des autres. Alors, je sors lentement de ma torpeur. Le bruit frappe à ma porte. Personne n'ose lui ouvrir, de peur qu'il ne vienne rompre l'angoisse rassurante de ma non-sieste d'avant-corrida.

Mon hôtel est au cœur de la fête, mais mon cœur n'y est pas. Il cherche le calme avant la tempête, l'entre-soi avant les autres. Au-dehors, je sais que la foule est arrivée. Joe Dassin réchauffe sa vie aux sourires des festayres, à coups de décibels qui viennent s'écraser sur la vitre de ma chambre avec vue sur la ville. Pourtant, je n'entends encore qu'un vague murmure. Je suis maintenant dans ma « bulle de concentration », qui résiste tant bien que mal aux assauts de l'insouciance collective.

Sur une chaise, dans la pénombre, mon costume de lumière attend qu'on l'envisage autrement qu'un déguisement de fête. Tous les deux, nous irons tout à l'heure embrasser notre destin dans les arènes. Il sait combien la journée sera chaude et qu'il n'y aura pas de place pour le divertissement. C'est à nous d'orchestrer la fête et de briser le code vestimentaire imposé par la tradition. Le seul foulard qu'on s'autorisera sera le blanc. Celui qu'agiteront les aficionados dans les gradins des arènes pour nous récompenser.

### Les tics et le stress

Le corps endiablé par les tics et le stress, je rejoins le fourgon qui va nous amener aux arènes. Elles sont ma piste de danse. Il faudra d'abord traverser la ville, les réjouissances extérieures, les abus inconscients et voir le monde (sans) chanter.

Au moment d'écrire ces mots, ce qui me revient, vingt ans plus tard, c'est le bruit sourd d'une banda, les sons mélangés des enceintes qui animent la joie des fêtards, l'écho des rires et des voix qui forgent les souvenirs éternels. Je suis incapable de vous dire qui ou quoi, tant la cacophonie est si peu perceptible. Mais je l'entends mieux que personne et je dois composer avec pour trouver la concentration.

C'est toujours la même sensation, toujours la même impression. Celle d'une autre réalité. Je suis bien là, comme vous, comme eux. Mais pas pour les mêmes raisons. Alors, mon esprit se barricade un peu plus. Me voilà au milieu de ce qui ressemble à un gigantesque décalage horaire. La légèreté s'est envolée pour quelques heures. J'ai l'étrange sensation de planer au-dessus d'un nid de curieux, qui regardent passer, tant bien que mal, le fourgon.

C'est précisément à ce moment-là, comme à chaque fois d'ailleurs, que l'on prend finalement conscience des maux qu'on partage. À l'extérieur, certains soignent le mal par le mal. Et moi, à l'intérieur, j'apprivoise les névroses passagères assises sur les fauteuils autour de moi. Vivre ou mourir, telle est notre devise commune. Il n'y a de raison que la folie. Les yeux dans les yeux, toreros et festayres se traitent chacun de fous dans leurs costumes de circonstance.

À l'arrivée aux arènes, juste avant d'ouvrir les portes du véhicule, il y a cet instant. Celui où chacun prend une grande respiration avant de rejoindre l'autre réalité. La fête est tout autour de nous. Mais, à aucun moment jusqu'alors, elle n'était venue percer cette bulle d'oxygène où j'étais emprisonné volontairement. J'ai accepté de me noyer et de faire face à la surface. Certains même ne manquent pas d'air en abordant mon navire de passage. Je suis un triste capitaine qui l'abandonne pour mettre pied à terre.

**Sur une chaise, dans la pénombre, mon costume de lumière attend qu'on l'envisage autrement qu'un déguisement de fête.**

Je fais maintenant partie de cette réalité pour devenir le personnage virtuose de l'aficionado. L'animateur d'une colonie géante de vacanciers plus passionnés les uns que les autres. Encore quelques pas pour atteindre la fortune. Fendre la foule, tel un dieu qui marche sur l'eau avant le sable. Une photo, un autographe, un sourire.

Il est 18 heures, l'heure du paseo. Ce sont quelques petits pas pour les toreros, mais des pas de géants pour les aficionados. Soleil dans les yeux, bien heureux de sortir de l'ombre pour partager enfin l'exaltation collective. C'est celle-là ma feria. Si tout va bien, le triomphe est au bout de ce jour. Ce soir, nous pourrons fêter ça sans personne, avant de reprendre la route pour une autre sieste, demain, et simplement continuer de vivre.

*Être matador de toros, comme Julien Lescarret l'est depuis 2002, c'est mettre sa vie en jeu à chaque feria.*
*Loïc Déquier*

*À Bayonne, place Saint-André, les courses de vache rappellent que les jeux taurins existent dans cette ville depuis le Moyen Âge.*
*Jean-Daniel Chopin*

# «Aux Bayonnais des temps futurs»

**Le texte reproduit dans ce livre, avec l'aimable autorisation de sa famille, est le dernier écrit par Claude Pelletier. Un legs.**

Si par quelque hasard miraculeux, vous parvient un jour le vestige de cette tauromachie - pour vous, sans doute, révolue - et si, par quelque prodige d'humanisme préservé - c'est-à-dire d'affectueuse curiosité pour l'humain - vous vient encore la fantaisie de vous interroger, sur nous, et sur notre absurde passion « barbare », sachez que nous n'avons rien à dire pour nous expliquer !
Encore moins pour nous défendre !
Pensez de nous ce que vous voudrez.
Essayez peut-être de comprendre que nous avons aimé Bayonne - notre cité - et que c'est déjà un sentiment anachronique.
Mais tellement puissant !
Nous étions des hommes simples, frustes et de peu d'instruction.
Il nous suffisait de fermer les yeux pour voir tant de visages disparus - qu'on a aimés trop tard - de lieux perdus et de bonheurs finis…
Cela nous faisait tant de bien !
Je le répète : nous étions simples !
C'est pourquoi nous nous sommes crus heureux…
Et, franchement, nous l'avons été !
Par exemple, à travers cette tauromachie !
Nous y avons (pardonnez-nous l'outrance) célébré l'exaltation de l'homme au-dessus de son précaire et douloureux destin.
Voilà qui vous paraît sans doute excessif, étrange, et même ridicule.
Mais à notre époque, nous avions besoin de croire l'homme capable de courage, d'intelligence et de beauté. D'y croire fort.
Cela nous rassurait pour vous, notre avenir lointain.
J'espère que ces valeurs sont si universelles pour vous qu'elles n'ont plus besoin d'être démontrées.
Mais si, pour finir, quelque chose en nous vous paraît encore obscur, remontez quelques siècles de plus.
Écoutez Villon, comme nous :
« Frères humains qui après nous vivrez… »
Il vous expliquera !
Ce n'était pas un aficionado, mais il était si près de nous !

**Claude Pelletier**
25 mai 1993

*Avant la course camarguaise où le toro s'illustrera, ce sont les chevaux et les gardians qui sont à l'honneur de « l'abrivado ».*

*Jean Mansuy*

# Charlotte Yonnet

*Jean Mansuy*

## LEXIQUE

**Manade :** élevage de taureaux ou de chevaux camarguais.

**Abrivado :** les taureaux de la course camarguaise, encadrés par des gardians à cheval, arrivent en provenance du pré jusqu'aux arènes.

**Bandido :** à l'issue de la course, les gardians guident les taureaux vers les pâturages.

**Gardian :** personne chargée de garder un troupeau de taureaux ou de chevaux en Camargue.

# « EN CAMARGUE, LA FÊTE SE CRÉE AUTOUR DU TAUREAU ET DU CHEVAL »

## ENTRETIEN AVEC CHARLOTTE YONNET

**Propos recueillis par Benjamin Ferret**

**À La Bélugue, propriété sise à Salins-de-Giraud et administrativement rattachée à la commune d'Arles, Charlotte Yonnet est la représentante de la cinquième génération d'une famille d'éleveurs. Charlotte Yonnet est d'un pays où le delta du grand fleuve a façonné un territoire entre deux eaux, deux terres, deux ciels. Ici, le Rhône a plongé dans la Camargue et s'est noyé dans le sel des Méditerranées. Charlotte continue d'y élever des chevaux et des taureaux de corridas, sans pour autant négliger la culture camarguaise et ses fêtes sur lesquelles l'esprit du félibrige continue de souffler.**

**Lorsque vous avez découvert les fêtes en Camargue, enfant, qu'est-ce-qui vous a marqué ?**

*Je garde de très grands souvenirs de l'élection de la reine d'Arles. C'est une cérémonie très attendue, qui n'est organisée que tous les trois ans. On se retrouve tout autour de la place de la mairie, en attendant que soit dévoilé le nom de la nouvelle reine. Il y a là un tas de chevaux, des attelages, des gardians et des Arlésiennes qui ont revêtu le costume traditionnel. Participer au défilé pour la première fois, c'est quelque chose qui marque un enfant et auquel on ne peut rester insensible. On est avec sa famille. On est bien habillé. On comprend vite qu'il faut bien se tenir, que c'est du sérieux. Tous les regards sont tournés vers nous lorsqu'on passe au travers de la ville, on représente notre passé, notre identité.*

**Justement, qu'est-ce que l'identité camarguaise ?**

*C'est une façon de parler. Dès qu'une conversation s'engage entre nous, on va forcément en venir à prononcer ces mots de chevaux, de taureaux, de bouvine. Il existe tout un vocabulaire qui unit ces personnes, souvent très fières de leur culture et de leurs traditions. On dit qu'on va à la course, à la feria. On continue d'employer des mots provençaux : l'abrivado, la bandido, etc. Beaucoup s'investissent d'ailleurs de façon bénévole dans des élevages, pour entretenir leur passion, puis lors des fêtes, pour la faire connaître et la partager avec le plus grand nombre.*

**Cette identité passe également par une tenue ?**

*Bien entendu. On est nombreux à s'habiller pour l'occasion avec le costume traditionnel du gardian. La chemise camarguaise, c'est l'uniforme de nos fêtes. Là encore, c'est un moyen de se souvenir de nos traditions.*

**Qu'est-ce-que représente pour vous la *fe di bioù* ?**

*C'est une expression dans la langue de chez nous. C'est du provençal. Le bioù, c'est le taureau Camargue. La fe, c'est le goût, l'amour et la passion que les gens d'ici ont pour cet animal. C'est quelque chose que l'on a en soi, lorsqu'on naît ici. On a du mal à l'expliquer. Ce qui nous fait aimer les jeux taurins, dans les prés, les rues ou dans les arènes, c'est ce qui nous lie à la Camargue et nous identifie comme Camarguais.*

**Dans ces fêtes, il y a le taureau… Mais aussi le cheval.**

*En cela, nos fêtes sont uniques : avec des taureaux et des chevaux qui avancent ensemble dans les rues. Le cheval blanc et le taureau noir forment un couple. Il en va de même, à l'année, dans les manades et les élevages. C'est valable lors des ferrades, des abrivados, des bandidos… Le gardian travaille avec le cheval pour manipuler le taureau.*

**Vos fêtes seraient-elles les mêmes sans ces animaux ?**

*Absolument pas. C'est l'amour que l'on porte à ces animaux qui font que toutes ces fêtes peuvent exister. En Camargue, la fête se créée autour du taureau et du cheval. Les gardians ont plaisir à montrer au public le travail qu'ils font, à l'année, dans la nature, avec les chevaux et les taureaux : les attentes au fer, le concours de ferrade, le saut d'un cheval à un autre cheval lancé au galop, depuis un cheval sur un taureau. Lors de ces jeux taurins, le gardian se retrouve valorisé dans son action, même si certains les voient seulement comme des casse-cous.*

**Ces gardians dans les rues ont-ils un avenir ?**

*Être surprotégé, surencadré durant ces moments, cela inquiète forcément. On commence par imposer des règles, puis on en vient à une interdiction. Bien entendu qu'il y a un risque. L'accident peut toujours arriver : l'animal est dangereux, la vie est un danger. Mais la présence des chevaux et des taureaux dans les rues, lors des fêtes, permet d'entretenir nos traditions. Ces animations restent incontournables.*

**Il y a les ferias d'Arles et de Nîmes, mais qu'en est-il des fêtes des villages camarguais ?**

*Ce qui est frappant, c'est de voir que dans le moindre village, on trouve une arène construite en dur. Et en plus, il s'agit d'arènes qui vivent, au moins une fois par an, pour la course camarguaise de la fête du village. Il existe une certaine rivalité entre chaque village, même si elle ne se perçoit pas trop quand on vient de l'extérieur. Cela fait causer : qui est-ce qui va faire la plus belle fête ? Où est-ce que la course a attiré le plus de monde ?*

**Finalement, le but de ces fêtes n'est-il pas d'échapper à la rudesse du quotidien en Camargue ?**

*Ce n'est pas un hasard si la saison démarre aux alentours de Pâques, à l'approche des beaux jours et du retour de la chaleur. Ensuite, tout s'enchaîne. Les dates des fêtes de chaque village sont connues, cela va souvent du mercredi soir au dimanche, avec autant d'occasion pour sortir de chez soi, être dans la rue pour retrouver des amis, boire un verre et discuter. Puis, lorsque l'automne arrive, suivi d'un hiver long et difficile, un manque se crée. On se languit du début de la saison prochaine.*

*La famille Yonnet, installée à Salins-de-Giraud (Bouches-du-Rhône) est la plus ancienne de France à élever des taureaux de corridas.*
Jean Mansuy

« *Le bioù, c'est le taureau Camargue. La fe, c'est le goût, l'amour et la passion que les gens d'ici ont pour cet animal.* »

Charlotte Yonnet

*José Tomas, matador rentré dans l'histoire des arènes de Nîmes depuis sa « corrida parfaite » du 16 septembre 2012.*
*Pascal Guyot*

*Nimeño, pour toujours devant les arènes de sa ville natale.*
*Pascal Guyot*

« *Il est 18 heures, l'heure du paseo. Ce sont quelques petits pas pour les toreros, mais des pas de géants pour les aficionados. Soleil dans les yeux, bien heureux de sortir de l'ombre pour partager enfin l'exaltation collective.* »

*Julien Lescarret*

Chapitre V

# ESPAGNES

« L'ANDALOU NE CRAINT PAS DE DÉPENSER POUR CRÉER DES MOMENTS MÉMORABLES ET PARTAGER DES INSTANTS DE BONHEUR. SON DÉSIR PROFOND EST DE VIVRE PLEINEMENT LE PRÉSENT, DE SAVOURER CHAQUE OCCASION. UNE CÉLÉBRATION DE LA VIE DANS TOUTE SA SPLENDEUR, OÙ L'ABONDANCE ET LA GÉNÉROSITÉ DES MOMENTS PARTAGÉS PRÉVALENT SUR LA PRÉVOYANCE FINANCIÈRE. »

# Cécile Mesplède

## L'HYMNE À LA VIE

**Dans le sud de l'Espagne, la fête n'a rien d'une frivolité joyeuse et bruyante. Elle est une fusion profonde et envoûtante du laïc et du religieux.**

« Vivre ne suffisait pas, vivre sans l'esprit et sans la beauté n'était pas vivre », pour Jimi Hendrix. En lisant avec délectation cette phrase dans le roman *Hymne*, de Lydie Salvayre, une évidence m'est apparue. Si l'auteure, d'origine espagnole, avait voulu décrire le caractère de ses compatriotes, elle aurait tout naturellement ajouté : « Vivre sans la fête n'est pas vivre. »

Parce qu'en Andalousie, la terre natale de son père, républicain exilé, la fête embrasse spiritualité et beauté. Elle est sagesse, morale, philosophie et esthétisme. Elle est à la fois le ciment et la colonne vertébrale de la culture andalouse, au cœur de laquelle dévotion religieuse et allégresse profane se mêlent dans une grâce incomparable. C'est la fameuse *gracia*. Un art de vivre. Un hymne à la vie. Bien loin d'une simple frivolité joyeuse et bruyante, ici, la fête est une fusion profonde et envoûtante du laïc et du religieux.

La *Semana Santa* en est certainement le meilleur exemple. Lors des processions solennelles, des pasos délicatement ornés envahissent les rues de Séville, Malaga, Jerez, Sanlucar de Barrameda et tant d'autres villes ou villages. Une atmosphère de recueillement festif règne alors, tandis que fidèles, badauds et touristes s'unissent dans une communion qui dépasse le seul fait religieux.

## La passion dans la rue

En rendant visible les rituels religieux, en invitant la société à participer à ces manifestations de dévotion, la Semaine Sainte enveloppe et transcende les frontières entre sacré et profane. La rue, pourtant incarnation de l'espace populaire, devient le théâtre où se joue le drame sacré de la passion du Christ.

La Semaine Sainte permet à chacun, croyant ou non, de vivre et ressentir la portée émotionnelle et spirituelle de ces rituels. Cela dure depuis des siècles car la tradition religieuse, en dehors des murs de l'Église, se préserve et se transmet de génération en génération avec ferveur. On défile en pénitent parce que son père, son grand-père et son arrière-grand-père faisaient déjà partie de telle confrérie ; ou parce que, petit, on s'amusait à recouvrir et faire grandir une boule d'aluminium avec la cire des Nazarenos.

Et que nul ne s'avise d'évoquer ici une tradition rance. Je vous laisse regarder et juger l'affiche qui illustre la Semana Santa 2024 de Séville. L'œuvre de l'artiste contemporain Salustiano Garcia représente un Christ ressuscité, jeune, pur et nu. Certes un brin polémique, elle nous prouve que cette manifestation qui nous vient du Moyen Âge reste totalement synchrone avec le XXI^e^ siècle.

**Une atmosphère de recueillement festif règne alors, tandis que fidèles, badauds et touristes s'unissent dans une communion qui dépasse le seul fait religieux.**

La rue, puisque nous parlons d'elle, ou plutôt les rues, les avenues, les places se transforment tous les jours pendant sept jours. Du dimanche des Rameaux au dimanche de Pâques, à Séville, à partir de 15 heures, la ville se referme, les boutiques baissent rideaux, des milliers de chaises sont installées. Un chemin étroit, un chemin de croix, se dessine pour laisser place aux seuls pénitents et aux sculptures baroques de Christ et Vierge en pleurs, richement parées de fleurs, de cierges, de bijoux et de velours, le tout baigné du parfum de l'encens.

## Émotions des processions

Le cœur de la ville bat au son des bandas de *cornetas y tambores*, ces harmonies de clairons et tambours qui accompagnent les confréries. Leurs mélodies puissantes et envoûtantes renforcent l'impact visuel et spirituel des processions. Tout est en place, on peut commencer, jusqu'à plus d'heure ! Le mercredi soir, à 22 heures, nous courrons pour rejoindre l'angle formé par les rues Argote de Molina et Placentines. Nous prenons un premier verre dans un hôtel bien connu, à l'endroit même où va tourner le paso du Christ des Panaderos au pied de la Giralda.

Puis le taxi nous conduit jusqu'à la calle Goya. Là, nous reçoit Pilar. Elle a préparé un dîner entre amis pour attendre le Christ et la Vierge de la Sed qui passeront devant sa porte, vers 1 heure. Nous retournerons ensuite vers les arènes pour suivre, tous ensemble, les derniers mètres la procession de la Vierge du Baratillo. C'est la Vierge des toreros : elle rentre dans son église au milieu d'une foule dense, à 2 heures passées. Émotion intense !

Le jeudi soir, ça recommence. Retour de la Quinta Angustia dans son église de La Magdalena. Course vers celle du Silencio et son Christ qui apparaît à 1 heure. Attente du Gran Poder dans le quartier de la Campana, pour le voir traverser les ruelles étroites dans un silence éclatant qui nous transperce. C'est ensuite l'autre rive du fleuve, le quartier de Triana. Chez un ami où la fête bat son plein dans le salon, le balcon permet de voir de tellement près la Vierge de la Esperanza de Triana. Elle traversera le pont à 3 heures : personne ne dort. Tout le monde est au balcon, dans la rue, sur son chemin.

Le vendredi, c'est Triana qui vit au rythme des processions. La Esperanza revient à l'aube, pétales de fleurs, *saetas*. La Vierge a pris le pont dans l'autre sens et arrive place de l'Altozano, d'où on ne perd rien du retour acclamé de cette icône dans son quartier. Impossible, pour moi, d'aller voir l'autre Vierge de Séville, La Macarena, de retour dans sa basilique après une procession de 12 heures. C'est à mon tour de recevoir des amis, en fin d'après-midi, pour admirer le Cachorro qui passe sous les fenêtres de mon appartement. Ce Christ sculpté en 1682 par Francisco Antonio Gijón est une représentation extrêmement réaliste de la souffrance et de la mort. On le regarde mais on continue de festoyer. Il sera suivi de près par la Vierge de la O, qui rentrera tard dans la nuit noire et l'intimité de quelques voisins, au son d'une *saeta* si douce qu'elle nous émeut jusqu'aux larmes. Fatigue… Mais là, tout n'est plus que beauté.

**Le cœur de la ville bat au son des bandas de cornetas y tambores, ces harmonies de clairons et tambours qui accompagnent les confréries. Leurs mélodies puissantes et envoûtantes renforcent l'impact visuel et spirituel des processions.**

La suite est étonnante mais une fois encore à l'image des Andalous. Du jour au lendemain, en un clin d'œil, le profane reprend la main. Aux arènes de la Maestranza de Séville, d'abord, la première corrida de l'année est donnée pour le dimanche de Résurrection.

**Une fête de jour comme de nuit**

Seulement quelques jours plus tard, le temps que la ville reprenne son souffle et que la cire tombée des cierges des pénitents cesse de crisser sous les pneus des voitures, ce sera la feria de Séville. Changement d'atmosphère, contraste saisissant, place à une explosion de couleurs et de joie lors de la Feria de Abril. La rue n'est plus le théâtre de la fête, qui se joue désormais à La Maestranza et au Campo de Feria dans le quartier des Remedios. À nouveau, la fête va durer une semaine. Le jour. La nuit. Ça ne s'arrête pas.

À 18 heures, chaque jour pendant dix jours, les arènes se remplissent. La corrida a une dimension culturelle et sociale profonde. Elle est Art et Esthétique, elle est réflexion sur la vie et la mort, donc nécessairement au cœur de la fête. En Andalousie, la feria ne peut être que taurine. Au Campo de Feria, derrière la Grande Porte, familles, groupes d'amis, entreprises professionnelles se réunissent dans leurs *casetas*. Ces tentes deviennent le prolongement naturel du foyer, où toute la société sévillane se retrouve, quel que soit le niveau économique de chacun.

L'Andalou ne craint pas de dépenser pour créer des moments mémorables et partager des instants de bonheur. Son désir profond est de vivre pleinement le présent, de savourer chaque occasion. Une célébration de la vie dans toute sa splendeur, où l'abondance et la générosité des moments partagés prévalent sur la prévoyance financière. Longtemps, je suis restée sans comprendre que les banques pouvaient même proposer des prêts à la consommation pour monter une *caseta* familiale. La sagesse aidant, je l'entends mieux aujourd'hui. Il en découle une fête de toute beauté, d'une élégance rare.

Sous les éclats éblouissants du soleil andalou, les rues pavées portent les noms des plus grands toreros de l'Histoire. Les attelages de chevaux andalous, fiers et majestueux, défilent. Les robes de flamenco tourbillonnent. La cravate et le costume sont de rigueur. Dans chaque *caseta*, un festin de tapas

**L'Andalou ne craint pas de dépenser pour créer des moments mémorables et partager des instants de bonheur. Son désir profond est de vivre pleinement le présent, de savourer chaque occasion.**

**Ses chants qui expriment tour à tour la joie, la douleur, la vie et la mort créent des moments de communion collective et de partage. Sa danse donne vie à chaque instant festif. Ses notes et ses accords forment le tissu même de la célébration. Le flamenco reste l'incontournable bande sonore de l'univers festif en Andalousie.**

s'offre aux invités : jambon, poissons frits, tortillas, ensaladillas… Le rebujito, la manzanilla et le fino coulent à flots.

Le soir, les guirlandes de lumière scintillent, la musique et la danse s'invitent au son des guitares espagnoles et des *taconeos* des artistes de flamenco. L'improvisation, l'art, la passion, la beauté s'unissent pour créer des moments de grâce, inoubliables pour ceux qui ont la chance d'y participer.

### La politique de la fête

Traditionnelles, religieuses, sociales, familiales, les déclinaisons de la fête sont multiples et peuvent être parfois plus politiques. Au mois de février, mon regard se tourne vers Cadix. Dans cette ville d'Andalousie où fut rédigée et approuvée, en 1812, la première constitution libérale du pays – surnommée « La Pepa » –, le carnaval demeure une entreprise de déconstruction en règle de la société espagnole. Est-ce vraiment un hasard ?

À Cadix, le carnaval est différent de tous ceux que l'on connaît ailleurs. Il est une particularité andalouse. Ici, point de défilé mais un grand concours de *chirrigotas*. Ces troupes familiales ou amicales, mi-théâtrales, mi-chorales, se préparent toute l'année pour l'un des spectacles les plus délirants de l'année. Vêtus de façon grotesque, les acteurs d'un jour déclament haut et fort des versets hilarants, en forçant sur leur accent andalou. Nul n'est épargné : gouvernement national, gouvernement local, sujets économiques et sociaux douloureux (Dieu sait s'il y en a), hommes politiques, chefs d'entreprise, sportifs… Tout et tous y passent.

Pendant cette semaine de finale du grand concours, les *chirrigotas* se produisent devant des milliers de spectateurs, dans les théâtres ou sur les places publiques. Ces performances sont télévisées dans toute l'Espagne pour le plus grand plaisir de tous. La fête est totale, engagée, acide et drôlissime !

La fête pour prétexte d'une plainte sociale, c'est aussi ce que propose le flamenco. Avec ses origines lointaines et mystérieuses, le flamenco devient en Andalousie l'expression émotionnelle par excellence. Dans une société construite sur une vie intense, le flamenco peut s'inviter à tout moment, que ce soit dans l'intimité de la famille, le vacarme des rues en fête, ou les grandes salles de concert internationales.

Ses chants qui expriment tour à tour la joie, la douleur, la vie et la mort créent des moments de communion collective et de partage. Sa danse donne vie à chaque instant festif. Ses notes et ses accords forment le tissu même de la célébration. Le flamenco reste l'incontournable bande sonore de l'univers festif en Andalousie. Porté par le pouvoir de sa musique, il devient un langage universel de fête. Le flamenco traverse les frontières et s'offre au monde, pour que nous fêtions ensemble la vie, pour remercier celle qui nous est offerte. Un hymne à la vie, disions-nous en préambule.

*Lors de « la pelatada »,*
*la Macarena se couvre de fleurs.*
*Louise de Zan*

*« La Semaine Sainte permet à chacun, croyant ou non, de vivre et ressentir la portée émotionnelle et spirituelle de ces rituels. Cela dure depuis des siècles car la tradition religieuse, en dehors des murs de l'Église, se préserve et se transmet de génération en génération avec ferveur. »*

*Cécile Mesplède*

*À Séville, le Jeudi saint, on rend visite aux Vierges et aux Christs dans leurs églises.*
*Louise de Zan*

« *La corrida a une dimension culturelle et sociale profonde. Elle est Art et Esthétique, elle est réflexion sur la vie et la mort, donc nécessairement au cœur de la fête. En Andalousie, la feria ne peut être que taurine.* »

*Cécile Mesplède*

*Face-à-face annuel entre les habitants du village de Massamagrell (Valence) et le toro*
*Florent Lucas*

*En direction del Rocío,*
*un pèlerinage d'or et de poussière.*
*Cristina Quicler*

« *Les Rocieros se regroupent au milieu de la rivière pour chanter, les femmes retroussent leur jupe et esquissent quelques pas de danse. Puis les cavaliers lèvent leur sombrero à bout de bras et la foule tout entière hurle : " Viva la Virgen del Rocío ! Viva la Blanca Paloma ! Viva la Reina de las Marismas ! Viva la Madre de Dios ! Viva la hermandad de La Puebla, Viva La Puebla del rio ! Viva Viva Viva. " L'endroit est magnifique. C'est le moment du Rocío que je préfère.* »

# Léa Vicens

## LE ROCÍO, CARNET DE BORD D'UN PÈLERINAGE

**En Andalousie depuis 2006, Léa Vicens est l'une des stars de la tauromachie à cheval. D'origine nîmoise, elle a accepté de partager le carnet de bord qu'elle a écrit durant le pèlerinage du Rocío, à la Pentecôte 2023.**

**Mercredi 24 juin 2023. Premier jour du pèlerinage.**

L'effervescence règle dans le village de La Puebla del Rio, à l'ouest de Séville. C'est aujourd'hui le départ du *camino* vers le Rocío, distant d'une cinquantaine de kilomètres. Chaque *hermandad* part un jour précis, suivant la distance à parcourir jusqu'à ce village où la confrérie se présentera devant la Vierge. C'est la Blanca Paloma, la Reina de la Marisma, la Divina Pastora… Celle qui attire des milliers de personnes jusqu'à El Rocío, ce village des marais du delta du Guadalquivir qui a donné son nom au pèlerinage.

À 10 heures, un coup de canon donne le signal du départ. Deux énormes bœufs superbement harnachés démarrent leur chemin. Ils traînent derrière eux le *Simpecado*, ce sanctuaire décoré de candélabres et de fleurs blanches transportant l'insigne sacrée de l'*Hermandad*. Cramponné par les plus dévotes de la paroisse, présidé par l'*Hermano Mayor*, le *Simpecado* ouvre le cortège au son du tamboril. Suivent quelques carrioles enrubannées et colorées également tirées par des bœufs. Puis viennent les charrettes attelées à une ou plusieurs mules, des chevaux, des piétons, des badauds…

Premier arrêt devant la mairie pour le discours de l'*Hermano mayor*. On s'interpelle, on se congratule, on se fixe rendez-vous sur le *camino*, quelques femmes impatientes entament une première danse sévillane.

Le point de rencontre est à la sortie du village : le cortège doit retrouver les 4 x 4 et les tracteurs tirant les roulottes avec le ravitaillement, les boissons, les vêtements et l'intendance pour la semaine. Plusieurs *hermandades* sont déjà présentes, certaines depuis la veille. Nous devons attendre notre tour. Malgré un apparent désordre, le *camino* est organisé. Les roulottes sont numérotées, les *hermandades* ont un ordre de passage précis, un calendrier strict est établi pour les étapes importantes. Cette année nous suivons Los Palacios et précédons Dos Hermanas.

Nous tuons l'attente à l'aide de croquettes, tortillas, empanadas, jambon et chorizo. Le tout, accompagné du *rebujito*, incontournable boisson à base de manzanilla et de limonade. Enfin, en tout début d'après-midi, les véhicules à moteur prennent la nationale, les badauds retournent au village et le cortège des *rocíeros* se met en branle : à pied, à cheval, en charrette, en jardinière.

Je reste au pas à côté de la charrette de mes amis, Manolo tient les longues rênes de sa mule et fredonne une sévillane ; à côté de lui, Jésus s'entraîne sur sa guitare. Sur les banquettes arrière, Enriqueta, Loli, Belen et Triana en robe flamenca, fleur sur le sommet du crâne, châle brodé, boucles d'oreilles et peigne assortis, s'échangent recettes et potins. Juanito, la mule dont c'est le premier *camino*, tient son rôle avec calme et sérieux. Je crois que lui aussi adore ça !

Lors des ralentissements, je m'avance d'une charrette à l'autre. Qu'on se connaisse ou non, la convivialité est de rigueur. Je chevauche un moment aux côtés de Don Rafael, le merveilleux curé de La Puebla. Sa soutane l'oblige à monter en amazone. L'image me fait penser à un film des années 1950.

Nous suivons une jardinière, une douzaine de personnes est assise de part et d'autre d'une longue table garnie de petits verres de *rebujito*. Les Andalouses accompagnent un guitariste par des chants scandés de palmas… Insouciance, gaieté, bonheur de l'instant présent.

Je me lie d'amitié avec un bouvier. Il s'appelle Jeronimo. Ses bœufs tirent la carriole du matador de toros Morante de La Puebla. Son job est de s'occuper d'eux toute l'année, en vue du Rocío. Il les appelle par leurs noms, leur parle à l'oreille, les dirige avec calme et douceur.

**Je chevauche un moment aux côtés de Don Rafael, le merveilleux curé de La Puebla. Sa soutane l'oblige à monter en amazone. L'image me fait penser à un film des années 1950.**

J'ai l'impression qu'on vient juste de démarrer lorsqu'on s'arrête à la *parada* des Arrayales : les victuailles ressortent des grandes malles en osier – il faut bien penser à se restaurer. Une guitare, un chant… Et c'est reparti pour une sévillane.

Il ne faut pas confondre le pèlerinage du Rocío et celui de Saint-Jacques-de-

Compostelle. Si la ferveur est également présente, ici pas de sac à dos ni de chaussures de marche, mais des *trajes de campo* et des robes *flamencas*. Les robes, souvent portées avec des bottes, sont plus courtes, plus souples et moins étroites que celles des ferias. Sur le *camino*, il va falloir beaucoup marcher dans le sable, dans la boue, dans la poussière, dans l'eau. Et il faudra danser aussi. Car, si le jour on marche, la nuit on danse! On y célèbre la Vierge à sa manière: la Reina de los peregrinos, la Reina de los toreros, la Reina de la Marisma, la Blanca Paloma, la Divina Pastora... La Vierge est présente dans toutes les *coplas* de sévillanes. Elle est le centre, le personnage principal, l'invitée d'honneur de la fête.

Nous avons fait environ 10 kilomètres depuis La Puebla lorsque nous arrivons à la *parada* de Colinas. Les roulottes et les 4 x 4 nous ont précédés. La maîtresse de maison reprend ses marques. En un clin d'œil, tables et chaises, assiettes en dur et verres en verre sont installés. Le repas – le vrai – est réchauffé.

Il nous reste plusieurs kilomètres à parcourir avant la nuit. Le rendez-vous pour le bivouac est fixé dans une grande forêt de pins, à proximité d'Aznalcazar. Certains dormiront – ou pas – à la belle étoile ou sous des tentes. Les plus chanceux, dont moi, ont une couchette dans une roulotte spécialement conçue et aménagée pour le Rocío, avec cabinet de toilette, garde-robe – chaque femme a en moyenne 4 à 5 robes *flamencas* –, cuisine équipée d'immenses réfrigérateurs et même d'un congélateur, pour les glaçons.

Les chevaux, nourris et abreuvés, sont attachés à proximité, la musique ne les dérangera pas. Les groupes électrogènes ronronnent. On installe une grande bâche entre 2 roulottes pour y disposer tables et fauteuils. Ce soir, c'est *Puchero* au menu. Le partage est de mise avec les autres *hermandades* présentes sur le site. On va de groupe en groupe, petit verre ou carafe de *rebujito* à la main. L'ambiance est à la bonne humeur. On s'embrasse, on parle, on rit beaucoup... Cela fait parfois un an qu'on ne s'est pas revu.

La soirée peut commencer. Bien que prévenus du danger, les feux de camp sont de rigueur. Du flamenco, dans l'ivresse générale, jusqu'à l'aube.

### Jeudi 25 juin 2023. Sur le chemin

Je n'ai pas assisté à la messe en plein air aux aurores autour du *Simpecado*. Il ne faut pas oublier que le Rocío est avant tout une fête religieuse. Il faisait froid, j'avais sommeil, ma foi n'est pas assez profonde.

Au petit matin, le campement est délaissé, laissant derrière lui l'envers du décor: bouteilles vides, papiers gras, sacs-poubelles éventrés, vieux vêtements, coquilles de moules et autres carapaces de gambas. Il faut faire attention au feu mais pas à l'environnement. Je ne m'habitue toujours pas à voir une canette aussitôt bue aussitôt jetée dans la nature… mais cela aussi c'est le Rocío.

Le convoi se remet en route. Nous avons mis nos ponchos, les femmes dans les charrettes se blottissent sous des couvertures, il y a du brouillard, nous sommes fatigués après une nuit blanche… J'ai hâte de passer la prochaine nuit dans mon lit. Une petite halte en forêt nous revigore, je refuse un verre d'anis pur et opte pour un café bien chaud. Un morceau de tortilla, un peu de jambon et nous voilà repartis.

Nous devons passer le *vado de Quema* à 10 heures. C'est un gué de la rivière Guadiamar. C'est un endroit mythique du *camino*. Certains n'y viennent que pour pique-niquer et regarder du matin au soir passer les confréries. Il y a quelques années, pour mon premier pèlerinage, j'ai été baptisée avec l'eau de la rivière et suis donc devenue officiellement *Rociera*.

Les bœufs tirant le *Simpecado* et les carrioles, les mules et leur charrette doivent le traverser. Tous attendent patiemment leur tour, descendent prudemment et remontent en peinant sous les applaudissements de la foule. Entre deux passages, les *Rocíeros* se regroupent au milieu de la rivière pour chanter, les femmes retroussent leur jupe et esquissent quelques pas de danse. Puis les cavaliers lèvent leur sombrero à bout de bras et la foule tout entière hurle : « *Viva la Virgen del Rocío ! Viva la Blanca Paloma ! Viva la Reina de las Marismas ! Viva la Madre de Dios ! Viva la hermandad de La Puebla, Viva La Puebla del rio ! Viva Viva Viva* ». L'endroit est magnifique. C'est le moment du Rocío que je préfère.

**Je me demande si quelqu'un a déjà calculé combien de litres de *rebujito*, de bières, de kilos de jambons, de chorizo et de tortillas sont consommés pendant la semaine du Rocío.**

Nous continuons… Comme la veille, le *camino* est ponctué de pauses « ravitaillement-divertissement » sous les pins. La malle en osier est ouverte et déballe ses trésors. Telle la corne d'abondance, elle ne se vide jamais. Je me demande si quelqu'un a déjà calculé combien de litres de *rebujito*, de bières, de kilos de jambons, de chorizo et de tortillas sont consommés pendant la semaine du Rocío.

Soleil de plomb, 13 heures, entrée de Villamanrique. Beaucoup de retard. Une rumeur. Une histoire de malaise, d'ambulance. Nous patientons dans la montée ombragée qui mène à l'église du village. Des camionnettes publicitaires Cruzcampo distribuent chapeaux de paille, bracelets et boissons… Je discute, me renseigne : pourquoi Villamanrique et pas Pilas ou Hinojos ? Enriqueta, incollable sur tout ce qui a trait à la religion et au Rocío m'explique que c'est ici, et pas ailleurs, que la première *Hermandad rociera* a été créée au XIV siècle.

C'est long. Les charrettes sont coincées dans la rue du village. Impossible d'avancer et encore moins de reculer. À cheval, nous sommes un peu plus libres de faire des petits allers et retour. Nous annonçons enfin la bonne nouvelle : le *Simpecado* a bougé, il avance !

Place de l'église Sainte-Madeleine. Les cavaliers essaient de se frayer un passage dans la masse compacte de la foule. Je croise des bambins dans des poussettes : l'inconscience des parents m'étonnera toujours. Chevaux et cavaliers forment un demi-cercle impeccable face à l'église, tandis que retentit le *Salve Rocíera*. L'instant est solennel, l'émotion me gagne. Les bœufs du *Simpecado* sont alors détachés et gravissent péniblement les sept marches qui les séparent de l'entrée de l'église. Ils reçoivent la bénédiction pour ensuite repartir à reculons.

Les spectateurs sont ravis, les *vivas* à la Blanca Paloma retentissent, une femme entonne une *saeta*. Nous pouvons laisser la place à Dos Hermanas et nous remettre en route.

Une voiture et un van m'attendent au point de rassemblement. L'endroit n'est pas beau : un terrain vague à la sortie de Villamanrique. Je cède pour un verre de gaspacho, en refuse dix de *rebujito*. Je présente mes excuses, j'embrasse et je remercie tout le monde. Je ferai cette année l'impasse sur la nuit folle de la Raya-Real, la traversée du petit pont de l'Ajoli, l'entrée triomphale dans le Rocío et me contenterai d'assister à la présentation de La Puebla, samedi. J'ai une bonne excuse, ce lundi de Pentecôte, je torée à Nîmes.

**Samedi 27 juin. Au Rocío**

Je n'aime pas beaucoup le Rocío touristique et mercantile du week-end. C'est celui des véhicules garés sur des parkings à perte de vue, des bus de tour-opérateurs, des baraques à frites, des vendeurs de bondieuseries et de colifichets, de pacotilles, de chaussures et de robes flamencas « made in China ».

**Les bœufs du *Simpecado* sont alors détachés et gravissent péniblement les sept marches qui les séparent de l'entrée de l'église. Ils reçoivent la bénédiction pour ensuite repartir à reculons.**

J'ai obtenu un laissez-passer, ce qui m'a permis d'emmener mon cheval avec le van et de participer à la fête « de l'intérieur ». Le Rocío est un village de western, les rues en sable sont bordées de maisons. Chacune a son long balcon de plain-pied destiné aux invités qui, 24 heures sur 24 et 7 jours sur 7, boivent, mangent, jouent de la guitare, palment, chantent, dansent. Les chevaux, spectateurs impassibles de la fête, sont attachés juste devant et attendent. Les « quartiers » de notre *Hermandad* sont les mieux placés, un peu à l'écart, ils donnent sur une petite place où un arbre centenaire permet d'échapper aux odeurs de friture, au brouhaha et à la chaleur qui règne à l'intérieur.

Depuis hier au soir, toutes les *Hermandades*, emmenées par leur *Simpecado*, viennent saluer la Blanca Paloma. Les confréries se présentent par ordre d'ancienneté devant la voûte en forme de coquille de l'Ermitage blanc. Celle de La Puebla est fixée à 12 h 45, ce samedi. Dès le matin, la fièvre s'est emparée de notre groupe. Les femmes arborent leur plus belle robe, retouchent leur maquillage et ajustent leur fleur. Les chevaux et leurs cavaliers sont impeccables.

L'attente est dure à vivre. Traverser le monde n'est pas des plus agréable mais l'essentiel est ailleurs. Notre présentation est réussie. Lorsque retentit le chœur du *Salve Rocíera* et qu'éclatent les *viva*, je soulève mon sombrero avec mes camarades ; j'ai envie de pleurer.

Demain, je prendrai l'avion. Un autre monde m'attend dans les arènes de ma ville natale. Je me dois toutefois de faire un résumé des derniers moments du *camino*.

### Du dimanche au lundi. À El Rocío

Après la grand-messe de l'archevêque, à 8 heures, c'est « journée libre ». La fête continue de maison en maison, les boissons coulent à flots, les friteuses fonctionnent à temps plein. Tout le monde attend le *Salto de la reja*.

À partir de minuit, c'est maintenant à la Vierge de se déplacer pour saluer à tour de rôle toutes les *hermandades*. Les personnes rassemblées sur la place de l'église sont de plus en plus nombreuses. Certains sont arrivés depuis longtemps, pour être bien placés au moment du grand moment de la sortie, en général pas avant 2 ou 3 heures du matin. Lorsque le signal est donné, plusieurs jeunes gens se précipitent et franchissent les grilles pour être les premiers à avoir l'honneur de soulever le *palco*. On voit alors la Vierge se retrouver en déséquilibre. Il arrive parfois qu'elle tombe. L'année dernière, c'est un des bras du *palco* qui s'est brisé.

La procession dure jusqu'aux premiers rayons du soleil. La Vierge, entourée de fleurs blanches, recouverte d'un magnifique manteau, progresse lentement. Elle tangue, ondule, avance, toujours. Les fidèles se piétinent, tentent de toucher leur Blanca Paloma, tandis que d'autres s'écartent à son passage. Ils se signent, pleurent, applaudissent. Des pétales de fleurs pleuvent des balcons. Soudain, au milieu du brouhaha, retentit une *saeta*.

**La fête continue de maison en maison, les boissons coulent à flots, les friteuses fonctionnent à temps plein. Tout le monde attend le *Salto de la reja*.**

## L'après. À Almonte

Tout se termine. Seuls les plus courageux feront le chemin du retour. Il m'arrive de partir à leur rencontre depuis La Puebla jusqu'au Palacio de los Montes, où a lieu une dernière messe dans la chapelle. Tous sont exténués, couverts de poussière, aphones mais tellement heureux.

Pour qui ? Pourquoi ? L'histoire – et non la légende, pardon – raconte qu'un habitant d'Almonte trouva une statue de la Vierge sur le lieu-dit La Rocina. Il voulut l'emmener à Almonte. Mais, chaque fois qu'il faisait une pause pour se reposer, la statue retournait à l'endroit où il l'avait trouvée. Les autorités religieuses décrétèrent qu'elle y retournait d'elle-même : un ermitage fut édifié. Détruit en 1755, après le tremblement de terre de Lisbonne, plusieurs fois restaurée, l'église ne connaît sa forme actuelle que depuis 1969.

Tous les sept ans, au mois d'août, la Vierge est amenée de nuit depuis El Rocío jusqu'à Almonte, lors d'une grande cérémonie. On lui retire ses habits luxueux pour la vêtir en bergère, en Divine Pastora. Elle y restera neuf mois, pendant lesquels Almonte sera en fête, les balcons décorés et les rues enguirlandées. Son départ, auquel j'ai assisté par hasard, est un déchirement pour l'ensemble du village. Ce jour-là, l'atmosphère était lugubre, nombreux sont ceux qui pleuraient de voir la Vierge partir pour El Rocío. Le prochain *traslado* aura lieu dans sept ans.

*La Vierge del Rocío résiste aux assauts de ses fidèles venus l'acclamer pour la Pentecôte jusqu'à sa basilique des confins du delta du Guadalquivir.*
*Cristina Quicler*

« Il y a quelques années, pour mon premier pèlerinage, j'ai été baptisée avec l'eau de la rivière et suis donc devenue officiellement " Rociera ". »

Léa Vicens

« L'improvisation, l'art, la passion, la beauté s'unissent pour créer des moments de grâce, inoubliables pour ceux qui ont la chance d'y participer. »

Cécile Mesplède

*Le flamenco peut s'inviter à tout moment, dans une société andalouse construite sur une vie intense.*
Cristina Quicler

*À Séville, la porte d'entrée de la feria – différente chaque année – ouvre sur un autre monde.*
Jorge Guerrero

Chapitre VI

# Au village

« ARRIVÉS À CÉRET, NOUS AVIONS PRESQUE FROID. AU LOIN LE PIC DU CANIGOU AVAIT DISPARU DANS LA BRUME TANDIS QUE SE PENCHAIT SUR LA VILLE UNE MONTAGNE OBSCURE, ÉTOUFFANTE. OÙ ÉTIONS-NOUS DONC TOMBÉS ? DANS UN CRATÈRE ? SUR LA LUNE ? LES DEUX À LA FOIS, EXACTEMENT COMME SUR L'AFFICHE DESSINÉE CETTE ANNÉE-LÀ PAR L'ARTISTE MIQUEL BARCELÓ POUR CÉRET DE TOROS. »

# Nicolas Rivière

## CÉRET : UN BARIL DE POUDRE AUX COULEURS SANG ET OR

**Lors de ces fêtes, le village de Céret, en Catalogne française, cultive une philosophie de l'équidistance, une identité à mi-chemin des Suds qu'elle délimite et synthétise.**

Quelle que soit la route, Céret ne se rallie qu'au prix d'un franchissement. Par le sud, par l'Espagne, ce sont les Pyrénées qu'il faut franchir, faire l'ascension du pic de Garces ou du col de Fontfrède, comme les exilés républicains de 1939 ou, un peu plus tard et dans l'autre sens, comme les résistants partis rejoindre les Forces françaises libres. Au nord, serpentent les maigres eaux du Tech, que l'on enjambe à l'entrée de la ville par un pont de pierre vieux comme les plus anciennes superstitions médiévales, le pont du Diable.

Déjà tout un programme, tout un état d'esprit… Quant aux autres cheminements cardinaux, ils s'évanouissent d'Albères en Vallespir, sur des pistes vicinales perdues à flanc de coteaux, à l'ombre des massifs intimidants de cet Orient pyrénéen où souffle un air montagnol lesté d'accents cathares. Un franchissement, donc, mais aussi une volonté et un désir.

Lorsque l'on y débarque pour la première fois, en pleine éruption de sa courte feria de juillet, Céret est une marmite qui chauffe à gros bouillons, se verse et reflue dans une poignée de rues étroites bordées de hauts platanes. Comme partout, comme dans tous ces coins de France où l'on célèbre le rite festayre, la jeunesse s'enivre au jaune, à la binouze, à la sangria de supermarché et, pour les plus « régionaux de l'étape », à « l'abricotade », cocktail mêlant nectar d'abricots et muscat doux de Rivesaltes, remède instantané à tout problème d'hypoglycémie. D'une façon générale, tout liquide qui fera « péguer » les trottoirs et « s'empéguer » les fêtards peut faire l'affaire.

Tous les bars dégainent le zinc extérieur, les fûts de pression, les gobelets consignés à l'effigie du comité des fêtes. On chante, on déambule. De temps en temps, ça part, manière sans doute de se dire l'amitié, ou peut-être autre chose. Tard dans la nuit, on dérive, on pionce à cinq dans des Seat Ibiza épuisées, garées sur des ronds-points ou entassées dans des rues adjacentes, collées aux murs de parpaings qui délimitent ces jardinets où poussent les cerisiers, ces maisons résidentielles parfois momentanément désertées par leurs habitants. Dans les us et coutumes d'une feria, tout cela n'a rien de très original.

**Quelle que soit la route, Céret ne se rallie qu'au prix d'un franchissement.**

### À mi-chemin

Céret, dans sa fête, cultive en revanche une philosophie de l'équidistance, une identité à mi-chemin des suds qu'elle délimite et synthétise. Si l'on n'y arbore pas forcément le foulard autour du cou, on y incarne néanmoins volontiers le dress-code gasconno-basco-landais : short et chaussettes de son équipe de rugby. Les grappes de jeunes qui battent le pavé toute la nuit diaprent l'asphalte des rayures sang et or du Céret Sportif ou de l'USA Perpignan, parfois du rouge et blanc de l'Étoile Sportive Catalane quand viennent s'aniser les cousins d'Argelès-sur-Mer.

C'est ainsi que la Catalogne roussillonnaise et le Sud-Ouest communient au sacrement de la même passion ovale, inscrivent leurs fêtes respectives dans le même creuset populaire du rugby à XV, mais aussi du jeu à XIII, l'une des autres religions locales.

De l'autre côté, Céret tourne aussi son regard vers l'est, honore les traditions de la Bouvine, se parfume aux cultures taurines camarguaises, provençales, se promène des plaines pelées de la Crau jusqu'aux contreforts des Alpilles où se dressent les cyprès et les oliviers. Le dimanche, après la novillada matinale, nous remontons des arènes d'un pas lent, par la rue de la Sardane – danse et musique traditionnelles catalanes – pour rejoindre l'épicentre de la fête. Une longue table nous attend, à la terrasse bondée du Café de France, première loge de l'abrivado dominical qui ponctue l'après-midi languissante.

Entre deux carafes de rosé, passent et repassent sous nos yeux d'inusables toros camarguais, des cavaliers au visage tanné, armés du trident, coiffés d'un chapeau de cuir, vêtus de la traditionnelle chemise mouchetée, bariolée en diable, comme les toiles cirées des paillotes que la Méditerranée vient lécher aux Saintes-Maries-de-la-Mer. On pourrait croire à du folklore, et il y en a toujours un peu, ou y voir justement la célébration de traditions voisines, une façon d'ouvrir les bras. Céret, c'est à la fois une ligne de partage des eaux et le point de suture entre ces différents mondes. En quelque sorte la jonction du Ponant et du Levant.

Cet œcuménisme n'empêche pas Céret d'affirmer une singularité culturelle goulûment nourrie à la mamelle d'une catalanité exacerbée, surtout quand il y est question de toros braves. En juillet 2004, voici vingt ans, avec un ami depuis longtemps perdu de vue, j'ai mis pour la première fois les pieds dans cette petite ville où Braque et Picasso auraient inventé le cubisme, célèbre pour son Musée d'Art Moderne, ses cerises et donc sa tradition tauromachique.

À l'époque, nos études à Toulouse, menées en parfaits dilettantes à la Fac d'Histoire de l'Université du Mirail, nous laissaient la bride sur le cou. Du printemps à l'automne, nous sillonnions alors les routes taurines de France à bord d'une vieille Peugeot 205 couleur pistache, en version trois portes, dont le compteur affichait déjà plus de 250 000 kilomètres. Cette guimbarde ne nous a jamais lâchés, fidèle comme une ombre. Nous allions de villes en villes, d'arènes en arènes, de ferias en ferias.

L'hiver, nous passions des soirées entières à visionner des VHS sur les bandes desquelles se succédaient les épisodes de *Face au Toril*. Chaque jeudi à la belle saison, nous nous ruions au kiosque acheter *Libération* pour dévorer la chronique de Jacques Durand. Nous lisions les livres d'Antonio Diaz-Cañabate, de José Bergamín, de Jean Cau, de tant d'autres. Ce fut notre apprentissage.

Évidemment, dès que nous le pouvions, nous fichions le camp. Dans le Sud-Ouest, dans le Sud-Est. Partout où il y avait des toros à voir. En 2004, nous avions coché Céret sur l'almanach taurin de nos déambulations estivales, entre petits boulots et partiels de rattrapage.

Partis de Toulouse au matin, le samedi 10 juillet, jour de la première corrida du cycle, nous avions emprunté par curiosité le réseau secondaire et roulé sous la pluie de Limoux jusqu'à Estagel, traversant l'Aude et le pays Cathare noyés dans une atmosphère angoissée, un ciel bernanosien. Arrivés à Céret, nous avions presque froid. Au loin le pic du Canigou avait disparu dans la brume tandis que se penchait sur la ville une montagne obscure, étouffante. Où étions-nous donc tombés ? Dans un cratère ? Sur la lune ? Les deux à la fois, exactement comme sur l'affiche dessinée cette année-là par l'artiste Miquel Barceló pour Céret de Toros.

**Céret, c'est à la fois une ligne de partage des eaux et le point de suture entre ces différents mondes. En quelque sorte la jonction du Ponant et du Levant.**

### La faune autochtone

À la topographie générale s'ajoutait la faune autochtone, et nous n'ignorions rien de la réputation de cinglés du « toro-toro » faites aux membres de l'ADAC. L'Association des aficionados cérétans, organisatrice des corridas locales depuis 1988, était alors présidée par Jean-Louis Fourquet, un ébouriffant druide anarchiste chaussé de vigatanes[1], un maboul adepte des cornus de l'extrême, des « toros de guerre », comme il disait.

Combien de fois m'a-t-on raconté la démentielle novillada de Dolores Aguirre pour la Saint-Ferréol, en septembre 1995, avec chevaux et picadors balancés ou presque en contre-piste ? En 2004, les « toros de guerre » portaient le fer d'Hernandez Pla, d'origine Santa Coloma. Durs, violents. Des soudards, des opiomanes du vice. Il y en eut d'autres, avant, après, qu'on ne compte plus. Des Saltillo méphistophéliques, des José Escolar à vous faire blanchir les cheveux, des navarrais de Reta inusités et infumables, plusieurs d'entre eux contraints de revêtir la tunique d'infamie : les banderilles noires. Si celles de *fuego* avaient encore existé, ces schizoïdes y auraient eu droit.

> **L'Association des aficionados cérétans, organisatrice des corridas locales depuis 1988, était alors présidée par Jean-Louis Fourquet, un ébouriffant druide anarchiste chaussé de vigatanes, un maboul adepte des cornus de l'extrême, des « toros de guerre », comme il disait.**




Le feu, la braise, rougeoient d'ailleurs sans faiblir dans les petites arènes cérétanes, leur vieux béton brut chauffé à blanc, souvent aux limites du supportable. Rien ne pouvait être plus raccord avec l'esprit taurin de l'ADAC que cette placette infernale. Tout y est propice à l'excès : l'imposante et menaçante montagne, plein écran pleine gueule, la vétusté générale, la promiscuité, certaines beautés vénéneuses, les nuages de plomb qui descendent du Canigou, le *ruedo* minuscule, les drapeaux sang et or, les garçons d'arènes en habits traditionnels, les soûlographes de la Peña Point G, les braillards carbonisés du dernier rang, les jobards qui ont accepté de toréer ici. Avant chaque course, la « Cobla Mil ». Lenaria joue l'hymne catalan, « Els Segadors », et avant le dernier toro, c'est la célèbre sardane « Santa Espina » que le public reprend en chœur, histoire d'appuyer encore un peu plus le propos, de surligner le trait, de faire circuler le sang plus vite et plus fort.

---

1. Vigatanes : espadrilles à lacets catalanes.

### Mère des audaces

L'excès est la mère des audaces. À Céret, j'ai vu des banderilles posées par Sánchez Vara après un saut *a la garrocha*[2] de l'un de ses peones. J'ai vu un novillo de l'élevage de Raso de Portillo s'envoler comme un long-courrier à Roissy au-dessus de Maxime Solera venu l'attendre genoux en terre, face au toril, *a porta gayola*. J'ai vu ce même Maxime Solera donner la mise à mort *a cuerpo limpio* : sans cape, sans rien, Hara-Kiri par toro interposé. Il était retombé sur ses pieds, après un tour complet du cadran, sous le soleil au zénith et les insolations *work in progress*.

> **La montagne se jette dans la mer comme Maxime Solera sur ses toros, avec ses gibiers et ses herbes entêtantes, où coulent le grenache frais puis les banyuls cuivrés qui alimentent cette « tertulia » que l'on n'achève jamais.**

Céret, c'est un baril de poudre au bord de l'explosion permanente. Mais c'est aussi la douceur de lin froissé des interminables nuits passées avec tous les amis au comptoir d'un vieux mas perdu dans la brousse des Albères, au lieu-dit Les Trompettes Hautes, où claironne une cuisine pleine de swing, méditerranéenne comme pas deux, mémoire des gens de mer et des anciens pêcheurs catalans, réminiscences des rancios secs venus du fond des âges, des fourneaux où crépitent l'huile vierge et le vieux lard, où la montagne se jette dans la mer comme Maxime Solera sur ses toros, avec ses gibiers et ses herbes entêtantes, où coulent le grenache frais puis les banyuls cuivrés qui alimentent cette *tertulia*[3] que l'on n'achève jamais, rembobinant les souvenirs des toros de la veille, évoquant la promesse de ceux à venir. On s'interrompt tout juste pour cliquer sur pause, parce qu'il est l'heure des premières hirondelles et des confessions chuchotées.

---

2. Saut a la garrocha : un envol au-dessus du taureau de corrida à l'aide d'une perche en bois.
3. Tertulia : discussion plus ou moins formelle menée à l'issue d'un spectacle taurin.

*Céret, la catalane.*

*Autrement et encore, le toro.*

*« Où étions-nous donc tombés ? Dans un cratère ? Sur la lune ? Les deux à la fois, exactement comme sur l'affiche dessinée cette année-là par l'artiste Miquel Barceló pour Céret de Toros. »*

*Nicolas Rivière*

*Le soleil perce au milieu de nuages de plomb accrochés au Canigou.*
*José Angulo*

SUD MÉDIT

*Écarter, c'est tourner au plus près de la vache, comme ici Jérôme Costarramone à Aire-sur-l'Adour (Landes).*
*Philippe Salvat*

# « POUR NOUS, TOREROS LANDAIS, LA SAISON SE FAIT DE VILLAGE EN VILLAGE »

## ENTRETIEN AVEC CAROLINE LARBÈRE

**Propos recueillis par Benjamin Ferret**

**La course landaise, c'est plus que la course landaise. Pratique sportive, codifiée et pratiquée dans les arènes depuis le XIX^e siècle, elle n'en demeure pas moins la descendante directe des jeux taurins du Moyen Âge, quand vaches et taureaux étaient lâchés dans les rues des bourgs de Gascogne.**

Ainsi, avec ses toreros qu'on appelle des acteurs, son spectacle durant lequel la vache est écartée ou sautée, la course landaise fait partie des coutumes inscrites à l'inventaire du Patrimoine culturel immatériel français. Son histoire récente a été marquée par le parcours de Caroline Larbère. À 35 ans, dont bientôt vingt ans à affronter des vaches et des hommes en piste, elle est la première femme à officier comme cheffe de cuadrilla.

**La course landaise pourrait-elle exister sans les fêtes ?**

*C'est difficile à imaginer pour moi. Quand une course landaise est organisée, c'est forcément qu'il y a une fête autour. Dans les petits villages des Landes, avec le bal, c'est souvent le spectacle qui reste annoncé en gros dans les programmes.*

**Sans fête au village, pas de course landaise ?**

*Exactement. Il y a bien évidemment des courses landaises dans les villes : les concours, le championnat de France. Mais, pour nous, toreros landais, la saison se fait de village en village. On a d'ailleurs souvent tendance à imaginer que les courses landaises se donnent en été, mais c'est faux. Pour preuve, en 2023, j'ai commencé la saison dès la fin du mois de mars, avec les fêtes de printemps, et j'ai fait ma 45e course de l'année début octobre. Après, c'est évident que le rythme s'accélère entre juin et août, où plusieurs courses sont organisées chaque jour.*

**Ce sport se pratique-t-il uniquement dans les Landes ?**

*C'est principalement dans ce département qu'il y a des courses landaises. Mais* on en trouve aussi beaucoup dans les villages du Gers et du Béarn, un petit peu au Pays basque et en Lot-et-Garonne. Grâce à la course landaise, j'ai aussi pu voir du pays, découvrir des fêtes et des foires où je n'aurais jamais imaginé me rendre. Il y a le Sud-Est, évidemment, mais je me souviens aussi d'avoir été invité à faire une exhibition à la frontière belge.

**Pour revenir dans les Landes, ce qui est fascinant, c'est que chaque village a son arène.**

*Cela montre bien qu'on est sur un sport de village et que la course landaise est au cœur de la fête. Chaque arène a des couleurs différentes, les formes peuvent changer, avec des pistes en fer à cheval, d'autres rondes ou ovales. Il arrive qu'il y ait seulement un morceau de gradin qui reste à l'année, on complète avec des grilles au moment de la course. Parfois, le bois est vieillissant : cela a un certain charme quand la vache tape contre les planches et qu'un bout de bois saute. Cela montre que rien ne dure, mais qu'entretenir cette culture permet de la faire perdurer, avec des gens qui restent attachés à ce spectacle venu d'autrefois.*

**La course landaise reste-elle un spectacle actuel ?**

*Quand j'ai commencé, à l'âge de 16 ans, puis pu prendre ma licence, à 18 ans, c'est vrai que la course landaise apparaissait comme vieillissante. Force est de constater que ce n'est plus le cas. Il y a du renouveau, un vent frais qui souffle sur notre pratique. Le travail qui a été fait auprès des jeunes, dans les écoles, a porté ses fruits. On voit de nombreux jeunes dans les gradins et d'autres qui veulent s'essayer à la course landaise.*

**Faire un écart ou un saut face à une vache traduit-il le caractère des Landais ?**

*C'est en effet une façon de montrer son caractère, son courage, pour ensuite pouvoir dire aux autres : « Moi, j'ai été devant la vache. » Après, lorsque tu commences la compétition, face aux autres acteurs, la course t'oblige à te dépasser, à prouver certaines choses en piste, dans un défi quotidien où tout peut arriver. Lorsqu'on est torero landais, on sait qu'on ne pourra pas échapper à la vache. Plus ou moins grave, la blessure finira par arriver. On se sera fait attraper mais on cherchera à rester en piste ou y revenir au plus vite.*

**Admettez-le, c'est une étrange façon de faire la fête !**

*Les acteurs d'une course landaise, le groupe de personnes qui forme une cuadrilla, ont beau être au cœur de la fête, ils savent très bien que la blessure fait partie du jeu, que l'un d'entre nous peut terminer à l'hôpital.*

**Cela donne-t-il une saveur particulière à un jour de course dans un village ?**

*Disons qu'on appréhende la fête différemment. Déjà, ce qui fait la particularité de la course landaise, c'est qu'on pratique un sport d'équipe. Une cuadrilla, ce sont souvent 7 écarteurs, 2 sauteurs, 2 entraîneurs et 1 cordier. Durant la saison, cette équipe devient notre famille. Dans les arènes, on joue notre vie les uns avec les autres. Face à la vache, on s'entraide, on se défend, on se protège. Cela crée forcément des liens spéciaux, très forts entre nous.*

**Vous parlez des soirées qui suivent les courses landaises ?**

*Évidemment, après le spectacle, on fête la victoire de chacun, la victoire du groupe. On partage des moments avec le public qui est venu nous voir, c'est toujours un grand moment. Mais, pour nous, acteurs, « la fête » commence avant la course. C'est le moment où l'on se retrouve, on est accueilli par le Comité des fêtes, on déjeune tous ensemble. Dans des petits villages, on s'habille en torero dans les vestiaires d'une salle de sport, dans une pièce, parfois sur un parking, avec un jet d'eau pour se doucher après la course. C'est ce qui rend la course landaise si conviviale : on n'a pas besoin d'un hôtel 4 étoiles pour venir toréer et on se crée des souvenirs pour la vie.*

**Dans des petits villages, on s'habille en torero dans les vestiaires d'une salle de sport, dans une pièce, parfois sur un parking, avec un jet d'eau pour se doucher après la course. C'est ce qui rend la course landaise si conviviale : on n'a pas besoin d'un hôtel 4 étoiles pour venir toréer et on se crée des souvenirs pour la vie.**

# Caroline Larbère

*Caroline Larbère est la première femme de l'histoire de la course landaise à diriger une cuadrilla de toreros dans les arènes.*
*Loïc Déquier*

*À Soustons (Landes), la course landaise continue d'émerveiller les plus jeunes.*
Isabelle Louvier

*Parfois, dans quelques villages d'Espagne comme celui d'Albarracín (Teruel), le temps n'a pas prise.*
*Florent Lucas*

# MU-SI-QUES !

## Chapitre VII

*La cérémonie de l'Agur, lorsque les bandas jouent l'au-revoir à une Feria de Dax qui s'achève.*
*Philippe Salvat*

# « PEUT-ÊTRE SOMMES-NOUS TOUS, NOUS AUTRES MUSICIENS DE FÊTES ET DE RUE, DES « ENFANTS PHARES » ? »

# Laurent Debèze « Tiotio »

## LES MUSICIENS DE FÊTES, CES « ENFANTS PHARES »

**Nietzsche affirmait que « sans la musique, la vie serait une erreur ». Les fêtes ne font pas exception.**

« La fête est-elle une musique ? La musique est-elle une fête ? Vous avez quatre heures ! » Si la fête me semble pouvoir être une forme multiple de musique – car faite de musiques multiples – la musique, elle, ne peut se résumer à ses formes festives. « La musique est la langue des émotions », écrivait Kant. Le musicien que je suis ne peut que lui donner raison. La musique touche au cœur, à l'âme. Dès lors, on peut tout à fait imaginer la musique sans fête. Pour autant, peut-on imaginer la fête sans musique ?

Les deux notions me semblent indissociables. Dans toutes les civilisations du monde, les fêtes s'accompagnent de musiques. On se réunit pour célébrer un événement. On chante, on danse, on mange, on boit. Le Moyen Âge sonne l'avènement de ceux qui sont vraisemblablement à l'origine d'une grande partie des cultures et traditions festives du grand Sud : les troubadours. Inutile de souligner qu'ils ont largement contribué à donner ses lettres de noblesse à la culture et à la langue d'oc. Pour amuser les cours royales lors de fastes banquets, on faisait appel à des musiciens, des saltimbanques, des bouffons ! Ces derniers avaient pour mission de distraire, de divertir en faisant rire, parfois même avec insolence.

Ce lien évident et cette référence parfaite se retrouvent chez Los Chocarreros, traduction littérale espagnole des Bouffons. Cette banda – rapidement devenue peña – doit sa création en 1975 à Saint-Paul-lès-Dax, et son nom, au facétieux Hugues Audouy, dit « Gus ». Un personnage haut en couleur, fervent défenseur des cultures traditionnelles basco-gasconnes et incontournable ambassadeur des bandas du Sud-Ouest.

## Bandas

Ces formations musicales de rues font d'ailleurs beaucoup pour offrir une animation unique et une ambiance si particulière à nos fêtes et nos ferias, lesquelles semblent susciter beaucoup d'intérêt, de curiosité et de fantasmes au-delà de nos frontières, tout en faisant manifestement consensus en matière de fêtes populaires.

De la même manière que le terme anglais *band*, le terme espagnol *banda* désigne un « groupe ». Il est donc inconcevable de parler d'une *bandas*. Cela n'a aucun sens. La *banda de musica* est une harmonie, une fanfare. En France, à ma connaissance, une seule formation musicale française s'identifie actuellement encore ainsi. Il s'agit de la Banda Musicale Les Armagnacs d'Éauze (32). Formation spécialisée dans le répertoire taurin, avec tout de même quelques incursions navarraises, mariachis, cubaines ou jazzy, elle fait référence par la qualité de ses interprétations pétries de nuances et de précisions rythmiques autant qu'harmoniques. Elle puise directement son inspiration à la fois auprès de la Banda de Musica Soria 9 de Séville, jadis dirigée par le célèbre Abel Moreno (par la suite auteur de bon nombre de pasodobles) et chez La Pamplonesa, brillante et éminente *banda de musica* officielle de Pampelune. Les Armagnacs trouvent leurs parfaits homologues dans le Sud-Est, chez la formation nîmoise Chicuelo II.

Cependant, lorsqu'on parle de banda, on ne pense évidemment pas spontanément aux Armagnacs, mais plutôt à ces formations de rue toutes de blanc vêtues, agrémentées bien souvent d'un foulard et d'une ceinture de couleur, ainsi que d'une *chamarra*, sorte de chemise nouée à la taille. C'est à partir de la fin des années 1950 que ces bandas vont faire leur apparition dans le Sud-Ouest. Totalement séduits et influencés par les fêtes transpyrénéennes et la liesse populaire engendrée par les musiciens des *bandas y peñas* basques et navarraises, quelques jeunes musiciens gascons s'émancipent des cliques ou harmonies jusqu'alors chargées d'assurer les animations musicales des fêtes. Les marches militaires, polkas et autres quadrilles sont jugées d'une autre époque. Le phénomène banda est lancé.

**« Les bandas, ces formations musicales de rue font d'ailleurs beaucoup pour offrir une animation unique et une ambiance si particulière à nos fêtes et nos ferias, lesquelles semblent susciter beaucoup d'intérêt, de curiosité et de fantasmes au-delà de nos frontières, tout en faisant manifestement consensus en matière de fêtes populaires. »**

La base du répertoire s'articule au départ autour des fameux *pasacalles* navarrais tels que « La Pitxuri » ou les hymnes des peñas pamplonaises :

**Totalement séduits et influencés par les fêtes transpyrénéennes et la liesse populaire engendrée par les musiciens des « bandas y peñas » basques et navarraises, quelques jeunes musiciens gascons s'émancipent des cliques ou harmonies jusqu'alors chargées d'assurer les animations musicales des fêtes.**

« La Unica », « San Juan », « Aldapa » ou « Alegría de Iruña ». Ces morceaux enjoués, entendus dans les rues de la San Fermín, les musiciens français les mémorisent, sans forcément en connaître le nom. Ainsi, il est encore courant à notre époque qu'un même morceau porte des titres différents selon les bandas qui l'interprètent. Les décennies s'écoulent, le répertoire évolue et s'enrichit, mais force est de constater que ces morceaux reçoivent toujours autant d'enthousiasme de la part d'un certain public hestayre, à une heure avancée de la nuit.

C'est ainsi que pasacalles, jotas et fandangos restent des incontournables de toutes les fêtes des villes et villages du Sud-Ouest. Nous devons donc une reconnaissance toute particulière à ces pionniers des bandas françaises que sont, entre autres, Los Calientes de Dax (40), connus et reconnus pour être officiellement la première banda française, créée en 1961. Parcourant très tôt les différentes fêtes landaises et même au-delà, Los Calientes feront rapidement des émules: Lous Faïences (Samadet) ou Los Arsouillos (Aire-sur-l'Adour), puis Lous Pegaillouns (Parentis-en-Born), Los Chocarreros (Saint-Paul-lès-Dax), Los Copleros (Montfort-en-Chalosse), Los Campesinos (Pouillon), Les Biberons (Hagetmau), Los Cumbancheros (Mont-de-Marsan) spécialisés dans les musiques exotiques afro-cubaines et caribéennes. N'oublions pas le Pays-Basque avec la Baiona Banda et Les Dauphins (Bayonne), la Zarpai Banda (Hendaye), Les Joyeux (Saint-Pierre-d'Irube), Les Genêts (Anglet), ni le Béarn, avec Lous Gaouyous (Orthez), Lous Cailhabaris (Mazerolles), et Lous Berretes (Aureilhan), parmi tant d'autres.

L'engouement est tel qu'une poignée d'amis gersois, pas musiciens pour deux sous mais profondément passionnés par ce mouvement musical populaire fleurissant, créent en 1973 le Festival de Bandas de Condom (32). Grâce à Alain Pinson, Kakou Boyer et Guy Le Berre, entre autres, le festival permet aux bandas de se rencontrer, d'échanger, de tisser des liens d'amitié, mais également de se faire connaître et de promouvoir largement ce nouveau mouvement musical. Venu des environs proches, autant que des départements plus éloignés, le large public du Festival de Condom va non seulement adhérer, mais il va aussi se fidéliser et s'amplifier d'année en année. De nombreuses bandas vont ainsi voir le jour dans le Gers, la Haute-Garonne, le Lot-et-Garonne, la Gironde, puis l'Auvergne, la Haute-Vienne, la Charente et même en Belgique!

Il y aurait sans doute beaucoup à dire sur ce qu'est devenu ce festival. Certains pourraient notamment regretter l'aspect concours et compétitif de cet événement, parfois en décalage avec les valeurs amicales d'échange, de fraternité, de partage, de respect, de dérision et d'autodérision, l'essence même de l'esprit banda.

## Txarangas

Néanmoins, si le répertoire des bandas a évolué avec le temps, ce n'est pas seulement dû à la nette évolution du niveau musical de chaque groupe. J'en profite, au passage, pour saluer le remarquable travail des enseignants de conservatoires, mais aussi et surtout des écoles de musiques communautaires, municipales et associatives, qui œuvrent avec passion à la formation de musiciens amateurs de tous âges, véritables transmetteurs de cultures et de traditions. Si le répertoire change, cela s'inscrit tout d'abord, et encore une fois, dans la fidèle continuité des formations espagnoles qui, dès les années 1980, ont intégré dans leurs programmes d'autres styles comme la musique afro-cubaine, mexicaine, le jazz, le rock et la variété internationale.

**Saluer le remarquable travail des enseignants de conservatoires, mais aussi et surtout des écoles de musiques communautaires, municipales et associatives, qui œuvrent avec passion à la formation de musiciens amateurs de tous âges, véritables transmetteurs de cultures et de traditions.**

De cette manière, des bandas telles que Lous Pegaillouns se trouveront à l'époque des sensibilités communes avec des grosses formations espagnoles comme Tiri-Tara, Sama-Siku ou Aldatz Gora. Et d'autres se sentiront plus proches de l'illustre txaranga Los Incansables, de la fameuse Strapalucio Charanga, de la Txaranga Malatxo ou de la Mutil Gazteak. Toutes ces formations basco-navarraises vont contribuer à renouveler le répertoire et inspirer les bandas françaises.

Ainsi, c'est également à Dax que naît la première txaranga française, dans les années 1980: la Txaranga Suerte. Sorte de mini-banda, composée d'une douzaine de musiciens à peine, « la formule fonctionne en Espagne. Alors, pourquoi pas en France? », vont ensuite se dire la Peña Péchu, la Txaranga d'Ustaritz, la Txaranga Koxeguy Taldea, la Txaranga Koxka, la Txarangaita, la Txaranga Lagunak, la Txaranga Gabatxos, etc.

## Fanfares

C'est à la même époque que la banda aturine Los Arsouillos va croiser à la feria de Nîmes, dans son bar fétiche « Le Parisien », la Sensationnelle Fanfare

Bidochons. Une réelle histoire d'amour entre les deux formations musicales va alors traverser les générations, comme les amitiés nouées avec Lous Astiaous de Port-Sainte-Marie (47). Fidèle à l'ADN de sa peña, la génération Arsouillos des années 1990 devient à son tour une sorte d'avant-garde musicale dans le microcosme des bandas françaises, en élaborant un répertoire éclectique, véritable passerelle entre l'empreinte basco-navarraise traditionnelle des bandas et les influences pop-rock ou jazzy des fanfares. C'est dans un aboutissement des plus cohérents que cette aventure donnera naissance, en l'an 2000, au premier CD enregistré en public de l'histoire des bandas: De beaux dégâts.

Résolument bachiques et épicuriennes, les fanfares sont pourtant rares dans le Sud-Ouest jusqu'aux années 1990. Les premières sont nées dès l'après-guerre, dans le milieu estudiantin des écoles d'architecture et des Beaux-Arts, l'une a vu discrètement le jour à Toulouse, dans les années 1980. Ces formations qu'on orthographie aussi « Fanfares des Bôzarts » ou « Fanfares Débôzarts », peuvent atteindre jusqu'à trente membres: cuivres et percussions. Elles se distinguent des cliques, batteries-fanfares et fanfares militaires par leur répertoire pop-rock, funk, jazz ou reggae, français et international, d'hier et d'aujourd'hui. Elles revendiquent un goût pour le décalage, l'absurde, la dérision, voire l'exubérance, avec toujours le sens aigu du partage et du respect.

La fanfare ne recule devant aucune excentricité, tant dans ses costumes (les « déguiz ») ou ses décors que dans ses arrangements musicaux ou le nom de chaque formation. Pour se faire une idée, on peut retenir une série d'entre elles, durant les années 1990 qui se baptisent WAB (pour le jeu de mots « Wolfang Amadeus Bôzart ») 1, WAB 2, WAB 3, etc., au gré de leurs différentes promotions. Son pendant féminin, les CAB (pour « Constance Amadeus Bôzart »), donnera ensuite naissance aux CABsules.

Dans le Sud, citons Les Peillasses (Nîmes) et la Jusqu'au-boutiste Fanfare Kadors (Montpellier), dignes descendantes de la Fanfare Bidochons. Puis, dans le désordre chronologique, Les Judas (Montpellier), les Parisiens de Boula Matari et du Beautiful People Fanfare Club, les Bordelais de La Grasse Bande et la Fanfare Contreband, les Toulousains de la Fanfare God Save The Cuivres et Les Trous Balourds, Les Robert de Niros (Garlin) la Fanfare Nick'L Wab (de Versailles et dont le nom est un évident clin d'œil et un amical pied de nez à leurs aînés WAB), les fanfares féminines des Muses Tanguent (Paris) ou des LadyJaja (Nîmes). Sans oublier les exceptionnels Chaupiques de Maastricht!

À l'image de tous ceux-ci, la musique « fanfaronne » n'est pas qu'anarchie. Elle lui arrive aussi de flirter avec les étoiles, avec l'excellence. Ainsi, en 1988, Claude Nougaro – excusez du peu – a invité sur scène le talent cuivré du Piston Circus pour sublimer sa chanson « L'enfant phare ». « Fanfanosaure » respec-

**À l'image de tous ceux-ci, la musique « fanfaronne » n'est pas qu'anarchie. Elle lui arrive aussi de flirter avec les étoiles, avec l'excellence. Ainsi, en 1988, Claude Nougaro – excusez du peu – a invité sur scène le talent cuivré du Piston Circus pour sublimer sa chanson « L'enfant phare ».**

tée de tous, le Piston Circus a été une des premières fanfares à faire son pèlerinage de Pentecôte à Vic-Fezensac (32), devenue la Mecque gasconne des fanfares face à l'évidente ferveur du public local.

Prétexte à la rencontre, au partage et à un gigantesque événement festif et public qui n'a rien d'une compétition, les fanfares ont elles aussi créé leur concours annuel. Sur un thème prédéfini par l'organisateur, chaque fanfare élabore un programme musical, dans des mises en scène toutes plus délurées et extravagantes les unes que les autres. À la clef du spectacle, la fanfare victorieuse, selon le jury constitué, se voit confier l'organisation du concours suivant. C'est ainsi que les Aturins de Los Arsouillos sont devenus la première banda à remporter le titre burlesque de Champion du Monde des Fanfares, organisé par Les Chaupiques en 2011, à Maastricht… Et se sont retrouvés à organiser le concours suivant dans les arènes Maurice-Lauche d'Aire-sur-l'Adour, remporté par Les Peillasses de Nîmes.

### Brass band

Mais les fêtes du Grand Sud vont encore découvrir un nouveau courant avec l'arrivée des brass bands. L'un d'entre eux fait référence: Les Incognitos. Plus communément appelé Les Incos, le groupe né en 1990 à Bordeaux et réunit des musiciens de bandas, certains étudiants, d'autres effectuant leur service militaire.

Il s'agissait alors d'animer les soirées étudiantes du jeudi soir, place de la Victoire et, plus précisément, celles du bar Le Plana dont le patron les avait pris sous son aile. La jeunesse jubilait de retrouver l'ambiance de fêtes que chacun pouvait connaître dans sa ville ou son village.

Puis, cette joyeuse bande fut invitée à participer à la tournée d'été d'un podium itinérant nommé le « Ricard Live Music ». Le début d'une longue et belle histoire que ces six joyeux et talentueux musiciens continuent d'écrire aujourd'hui. D'une contribution musicale sur le Tour de France à des tournages de longs-métrages, les Incos n'en finissent plus de surprendre, de partager leur bonne humeur et leur répertoire éclectique, entre standards navarrais rafraîchis, variétés et quelques compositions originales.

Par leur *alegria* naturelle, Les Incos ont fait école, ont ouvert une nouvelle voie aux musiciens de rue. Depuis, se sont constitués de nombreux groupes

**Il s'agissait alors d'animer les soirées étudiantes du jeudi soir, place de la Victoire et, plus précisément, celles du bar « Le Plana » dont le patron les avait pris sous son aile. La jeunesse jubilait de retrouver l'ambiance de fêtes que chacun pouvait connaître dans sa ville ou son village.**

à effectifs réduits mais de grands talents : Les Pistons à Coulisse, le Brass Délirium, Los Nulos, le Get 7 Brass Band, Les Anis Maniacs, Les BiZouNours, Les Fantaskes, le Vide Grenier Brass Band, le No Name Brass Band, System Brass, Le Brass Coulé, Los Deusky et bien d'autres encore. En Espagne, voilà bientôt vingt ans que les désopilantes mises en scène d'Artistas del Gremio, un groupe de Saragosse, font autorité.

Question scène, justement, celle de Va Voir Maman Papa Travaille (VVMPT) vaut le détour. À Dax, chaque mois d'août, depuis des années, ces musiciens venus de différentes bandas mobilisent une armée de petites mains pour faire de leur bodéga, cinq jours durant, un haut-lieu de la musique vivante. Ils y accueillent chaque jour pléthore de formations amies précitées. Cuivres, clavier et batterie de ce groupe amplifié, aux allures fanfaronnes de Marcel & son Orchestre, débordent d'énergie et de générosité, dans des costumes loufoques et des arrangements endiablés.

Ajoutons à cette liste les Toulousains du Funky Style Brass, le trio bigourdan de Sangria Gratuite, les accordéonistes fous et le batteur d'AC/DéFé ou encore les Gersois déjantés de Brass Attack pour constater qu'il n'y a pas une, mais des musiques de fête ! Du new orleans au pasacalle, en passant par le ska, le funk, le hard rock, le pasodoble, la jota, le fandango, la biguine, la salsa, la samba et j'en passe… À chaque hestayre sa musique.

### Les voix d'ici

Pour approcher l'exhaustivité de cette liste, je me dois d'évoquer les musiques traditionnelles régionales, probablement à l'origine de toutes les autres. Qui n'a jamais entendu de chorale basque, béarnaise ou bigourdane improviser au coin d'une buvette ne connaît pas véritablement le sens et les valeurs des fêtes du Sud-Ouest !

Basques ou gasconnes, elles n'ont toujours eu pour vocation que de faire chanter et danser. Fandango et mutxiko au son des gaitas, txistus et atabals. Bourrée, mazurka, rondeau et autre scottish au son des bohas, accordéons, vielles et tambours à cordes. Si les musiques traditionnelles basques ont su résister et traverser le temps, le répertoire gascon, lui, a connu sa période de disette. Mais à l'instar des ikastolak (écoles de culture et de langue basque), les calendretas (écoles de culture et de langue occitane) entretiennent ces musiques depuis les années 1990, de sorte que les « bals trad » connaissent aujourd'hui un bel essor.

Après cinquante ans d'existence, le groupe béarnais Nadau – emmené par Michel Maffrand, dit « Joan » – ne cesse de remplir les salles, les Zéniths, les Olympia et les trains venus du Sud. Dans ses concerts, toutes les générations se côtoient. Tous reprennent en chœur les succès du groupe et écoutent religieusement les paroles du poète-philosophe au béret noir, ancien professeur de mathématiques au collège d'Arthez-de-Béarn (64). Il a même fréquemment invité quelques bandas à le rejoindre sur scène pour l'accompagner sur sa fameuse composition de « L'encantada ». Façon élégante de boucler la boucle. Réunion de voix et d'instruments, elle montre combien la fête est bel et bien musique!

**Qui n'a jamais entendu de chorale basque, béarnaise ou bigourdane improviser au coin d'une buvette ne connaît pas véritablement le sens et les valeurs des fêtes du Sud-Ouest!**

Nietzsche affirmait que « sans la musique, la vie serait une erreur ». J'ajouterais qu'elle n'aurait probablement aucune saveur. La musique est une passerelle. Elle unit les hommes. Elle transmet une culture, une langue et l'histoire d'un territoire. Autour d'une idée musicale commune, des amitiés se forgent, des émotions naissent et se partagent.

Ainsi retrouve-t-on la raison d'être du troubadour dont parlait, jadis, l'enseignant et musicien qu'était « Gus » Audouy: « Nous autres, musiciens de rue, nous sommes des saltimbanques. Être musicien de rue, c'est être celui qui joue pour amuser et distraire l'autre. Celui qui chante pour faire chanter. Celui qui danse pour faire danser. C'est être un autre, gentiment espiègle, le temps d'une journée, d'une nuit, d'une heure, pour prendre le temps de partager, de transmettre de la joie, de la bonne humeur, de l'émotion et de redevenir enfant. »

Alors peut-être sommes-nous tous, nous autres musiciens de fêtes et de rue, des « enfants phares »?

« *Nous autres, musiciens de rue, nous sommes des saltimbanques. Être musicien de rue, c'est être celui qui joue pour amuser et distraire l'autre. Celui qui chante pour faire chanter. Celui qui danse pour faire danser. C'est être un autre, gentiment espiègle, le temps d'une journée, d'une nuit, d'une heure, pour prendre le temps de partager, de transmettre de la joie, de la bonne humeur, de l'émotion et de redevenir enfant.* »

« Gus » Audouy

Bande
Lous Pegaillouns
LOS CALIENTES
DAX
brass
délire

*À chaque feria son déguisement pour la banda dacquoise de Los Calientes, ici en personnage de Star Wars.*
*Philippe Salvat*

*À Orthez (Pyrénées-Atlantiques), le cuivre reste une valeur repère.*
*David Le Déodic*

> *« La fanfare ne recule devant aucune excentricité, tant dans ses costumes (les « déguiz ») ou ses décors que dans ses arrangements musicaux ou le nom de chaque formation. »*

*Laurent Debèze « Tiotio »*

*La musique des bandas permet aux jeunes de découvrir les ferias du Sud-Ouest.*
*Philippe Salvat*

Dax, la Feria !
du 11 au 15
2022
GRAND DAX
Dax
2022

# TITA-TIM TITA-TAM

*Agur jaunak*

…e si b (Bb)
…trebasse si b (Bb)

# PAQUITO CHOCOLATERO

*Pasodoble pour orchestre d'harmonie ou fanfare*

G.-P. Falco

*« Gus » Audouy, de Los Chocarreros.*
*Philippe Salvat*

*Los Cantadores de Dax, le plus grand karaoké des ferias.*
*Isabelle Louvier*

Avec les magiciens
ça fait des go go go

LES INCOGNIT

*VVMPT... Va Voir Maman Papa Travaille,*
*la musique avant tout.*
*Philippe Salvat*

*Los Incognitos ne passent*
*pas inaperçus.*
*Isabelle Louvier*

# LES CONTRI-BU-TEURS

## Textes

**Chapu Apaolaza.** Né à Saint-Sébastien en 1977, diplômé de l'université de Navarre, Chapu Apaolaza a été reporter de guerre pour différents médias espagnols. Journaliste politique puis éditorialiste, il assure également les commentaires de certaines corridas diffusées sur les chaînes de télévisions. Aujourd'hui attaché au quotidien *ABC* et chroniqueur sur la radio Onda Cero, il participe chaque année aux encierros des fêtes de la San Fermín de Pampelune, dans les pas de son père disparu et d'un livre consacré à ces lâchers de taureaux, *Le 7 juillet* (Atlantica).

**Laurent Debèze.** À l'approche du demi-siècle, on ne sait toujours pas si Laurent Debèze a parlé avant de jouer de la musique, ou l'inverse. Toujours est-il que le natif d'Aire-sur-l'Adour peut se targuer d'avoir rythmé bon nombre de fêtes de France et de Navarre. Avec la banda de Los Arsouillos, puis avec Los Incognitos ou d'autres formations musicales de rue dont il fait partie, il est un ambassadeur de la musique vivante. Professeur de percussions à l'école de musique sa ville d'origine, Laurent Debèze, dit « Tiotio », a également signé quelques compositions, dont le pasodoble « Alberto Lamelas » – en l'honneur du torero madrilène du même nom – et le pasacalle « Gora Unico Socio », qui apparaît au générique du long-métrage d'Éric Lartigau et Delphine Gleize, *Cet été-là*.

**Julien Duboué.** Figure de proue de la nouvelle génération des chefs-cuisiniers originaires des Landes, Julien Duboué est à la tête de Boulom, table d'hôte dans le XVIII^e^ arrondissement de Paris. Comme dans les autres restaurants qu'il a fondés depuis 2007, sa cuisine sent le Sud-Ouest et la convivialité. Champion de France de rugby avec les cadets du Peyrehorade sports, en 1997, l'ancien talonneur reste un expert des troisièmes mi-temps, dans son village natal comme les grandes ferias du Sud-Ouest.

**Yves Harté.** Né dans les Landes, à Saint-Sever, en 1954, Yves Harté crut longtemps que les cultures locales étaient universelles, avant de s'apercevoir que ses passions n'étaient pas aussi partagées qu'il le croyait.

Le métier de journaliste, au quotidien *Sud Ouest*, vint à point nommé pour lui permettre de prolonger sa jeunesse – passée à lire tout ce qui lui tombait sous la main, jouer au rugby et toréer – et raconter le monde et les hommes dans de grands reportages. Prix Albert-Londres 1990, il est également écrivain, auteur de *La huitième couleur* (Arléa) et de *La main sur le cœur* (Le Cherche Midi).

**Caroline Larbère.** Elle est rentrée dans l'histoire de la course landaise en 2003, en devenant la première femme cheffe de cuadrilla. Quelques années après avoir fait son apparition dans les arènes, nul ne lui conteste sa place parmi les écarteurs chargés de tromper la charge du bétail fonçant sur eux, qu'il s'agisse de vaches ou de taureaux. Au-delà de son courage affiché en piste, Caroline Larbère élève également du bétail destiné à animer ce spectacle, incontournable de la programmation des fêtes des villages du Sud-Ouest.

**Jean Le Gall.** Il se serait bien vu vivre dans un autre siècle mais il n'a pas pu choisir sa date de naissance. Alors, pour tromper sa mélancolie, Jean Le Gall est devenu éditeur, à Paris, après avoir exercé un temps comme avocat d'affaires, aux États-Unis. Dans le roman qu'est sa vie, Jean Le Gall a déjà écrit quatre livres, dont *Les lois de l'apogée* (Robert Laffont) qui l'a révélé au grand public. À la tête des maisons d'éditions du Cherche Midi, Séguier, Sonatine et Télémaque, il n'en demeure pas moins un fidèle des fêtes du Sud-Ouest et des arènes d'Espagne.

**Julien Lescarret.** Enfant du Sud-Ouest aujourd'hui âgé de 43 ans, Julien Lescarret aurait pu devenir footballeur. Mais son rêve de gloire, c'est dans les arènes qu'il l'a trouvé. D'une première passe donnée à 13 ans, aux alentours de Tolède, jusqu'à sa fin de carrière en 2012, le matador de toros n'aura eu de cesse de surprendre. Avec ses idées novatrices et son discours portant sur les jeunes générations, Julien Lescarret est désormais organisateur de spectacles taurins et consultant pour France Bleu Gascogne durant les ferias des Landes.

**Francis Marmande.** *Faites les fêtes!* (Lignes) fait partie de la vingtaine de livres écrits par Francis Marmande. Bayonnais du quartier Saint-Esprit, promotion 1966 de l'École Normale-Sup de Saint-Cloud, il est professeur émérite de l'université Paris VII-Denis Diderot. Dans ses chroniques publiées dans le quotidien *Le Monde* depuis 1977, il parle de jazz – étant lui-même contrebassiste – de littérature et de cinéma, d'Espagne, de tauromachie et d'amitiés. Il est président du prix littéraire des Fêtes de Bayonne.

**Cécile Mesplède.** De son goût des voyages et de sa curiosité pour l'humain, elle a fait sa profession. Installée à Séville depuis bientôt trente ans, dans le quartier de Triana, Cécile Mesplède a les clefs pour ouvrir les portes des plus grandes ferias d'Espagne et d'Amérique latine, comme des plus petites. L'intimité d'un cabaret flamenco. La foule des rues de Pampelune. Un élevage de taureaux de corridas. Les gradins d'une arène. Cécile Mesplède y sera, avec l'éternel plaisir de faire découvrir et partager l'âme espagnole, sa culture et ses mystères.

**Ludovic Pautier.** Enseignant, enfant des Pyrénées et de la vigne, amoureux de l'Espagne et des bars les plus bruyants du monde. Il fait de la prise en voix du poème un pari qui dit où se cache et se trame les mots arrachés du ciel ou soutirés à la terre. Longtemps animateur de blogs (*Los pinchos del ciego*, *Le Passage*), il a également animé durant plus de dix ans l'émission « Falseta », diffusée sur Radio Campus Bordeaux. Déjà publié dans des revues de poésie, il a également écrit les textes de *Balada flamenca*, aux éditions In8, et *Ivoire brisé*, à l'Atelier Baie.

**Claude Pelletier.** Disparu en 1993, au moment du bouclage du livre *Bayonne, sept siècles de première*, Claude Pelletier a œuvré sa vie durant en faveur

de l'histoire taurine de sa ville natale. Professeur de français, journaliste, érudit, auteur de nombreux ouvrages et grand fêtard, il a mis en lumière un document attestant de jeux taurins à Bayonne dès la fin du XIIIe siècle : le 10 janvier 1289, un décret des Anglais qui administrent alors la ville « défend et interdit aux bouchers », qui en avaient pris l'habitude, de lâcher et courir ni taureaux ni bovins, sans autorisation préalable.

**Nicolas Rivière.** Rédacteur en chef de « L'oreille en bouche », une l'émission de radio qui met Toulouse et le grand Sud dans les casseroles et les oreilles, Nicolas Rivière n'hésite pas à user des véhicules en parcourant Espagne et France pour assouvir sa faim de tauromachie. Amateur de belles lettres, il prendra soin d'embarquer avec lui la prose de Michel Déon, Jacques Durand et quelques autres écrivains chers à son cœur. Ses adresses ne seront pas forcément celles de tout le monde, comme en témoignent ses récits compilés depuis 2018 sur le blog « Campos y Ruedos ».

**Régis Sonnes.** Quadruple champion de France de rugby avec le Stade Toulousain, dont un comme entraîneur, Régis Sonnes a toujours préféré jouer à un jeu plutôt que de pratiquer un sport. Ainsi, au sommet de sa carrière, ce Montois né en 1971 avait préféré surfer une année durant les vagues de la planète plutôt que de ferrailler sur les prés français. Bourlingueur dans l'âme, il a été voir ailleurs qu'il était bien chez lui, en Gascogne. Parce que pour Régis Sonnes, l'aventure ne saurait être que collective, il a entraîné derrière lui ses copains d'enfance dans la création d'un club, le Real Soldevilla, tout à la fois capable de briller sur le terrain comme en dehors.

**Léa Vicens.** Devenue reine de la tauromachie à cheval, Léa Vicens réside entre Séville et Huelva, dans un village de cette province d'Andalousie où la Nîmoise était venue se forger à partir de l'année 2006. Installée dans une propriété à son image, où s'épanouissent chevaux et autres animaux à proximité du Parc naturel de Doñana, Léa Vicens y partage son temps avec la quarantaine de rendez-vous qu'elle assure dans les arènes, chaque saison. En concurrence avec les plus grandes stars de la discipline, elle répond aux espoirs qu'avaient placés sur elle Angel et Rafael Peralta, maîtres du siècle passé de cet art équestre et taurin.

**Charlotte Yonnet.** Cinquième génération à élever des taureaux et des chevaux sur les marais et les sansouires de Salins-de-Giraud (13), Charlotte Yonnet perpétue une tradition qui fait de sa famille la doyenne des familles d'éleveurs de taureaux de combat français. Son grand-père, Hubert, a longtemps présidé aux destinées des arènes d'Arles, maintenant gérées par son cousin, Jean-Baptiste Jalabert. Au cœur d'une Camargue faite de terre et d'eau, Charlotte, elle, s'en tient à son troupeau qui a permis d'inscrire le nom de Yonnet au patrimoine culturel vivant de cette région.

**Zocato.** Depuis des décennies, à travers ses chroniques, Zocato a révélé et fait découvrir à ses lecteurs tous les mystères du toro. Son amour de la vie et les plaisirs que celle-ci nous offre, allié à son exquise sensibilité, lui ont permis de révéler les secrets de l'art du toreo, en explorant jusqu'à ses recoins les plus intimes.

*Zocato et Benjamin Ferret*

## Coordination

**Benjamin Ferret.** Il est journaliste à *Sud Ouest*. Né en 1981, à Bayonne, il a appris à lire dans la presse quotidienne distribuée par ses grands-parents, à Peyrehorade, et dans les romans de la bibliothèque familiale. Il en garde un goût pour les vies minuscules et les grandes aventures. Vivre sa jeunesse entre rugby, tauromachie et littérature ont permis à cet autodidacte d'écrire ses premiers articles. Attaché à la rédaction des Landes depuis 2009, il fait également partie des chroniqueurs taurins du journal. Benjamin Ferret a également écrit *L'ombre et la lumière*, un roman noir en épisodes publié durant l'été 2017 sur le site internet faenas.fr.

## Illustrations

**Ganaëlle Tilly.** Après des études à l'École Boulle et ses début de graphiste dans la presse (*Elle*, *Libération*, *Le Parisien*...), sa carrière se partage désormais entre son travail d'illustratrice et ses responsabilités en direction artistique pour des titres renommés tels que *Le Canard Enchaîné* et *Le Figaro* (voyages, littéraire, enquêtes, hommage...).

*Le Sud est une fête* n'aurait pu être possible sans le concours des photographes du journal *Sud Ouest*. Année après année, ces journalistes et collaborateurs s'attachent à dire en images ce que sont les fêtes et les ferias, de jour comme de nuit : **Pascal Bats**, **Jean-Daniel Chopin**, **Loïc Déquier**, **Émilie Drouinaud**, **Bertrand Lapègue**, **David Le Déodic**, **Nicolas Le Lièvre**, **Isabelle Louvier**, **Philippe Salvat**.
L'ouvrage est également illustré des photos de **José Angulo**, **Florent Lucas**, **Jean Mansuy**, **Vámonos**, **Louise de Zan** et des photographes de l'agence de presse AFP.

# L'AGENDA DE NOS FÊTES ET DE NOS FERIAS

**Février**
Valdemorillo (Communauté de Madrid)

**Mars**
Olivenza (Estrémadure)

Castellon (Communauté valencienne)

Valence (Communauté valencienne)

Mars ou avril, selon la date de Pâques :

Aignan (32)

Arles (13)

Mugron (40)

**Avril**
Séville (Andalousie)

Arles (13)

Gamarde-les-Bains (40)

**Mai**
Madrid (Communauté de Madrid)

Cordoue (Andalousie)

Jerez de la Frontera (Andalousie)

Nîmes (30)

Vic-Fezensac (32)

Alès (30)

Bougue (40)

Sanlucar de Barrameda (Andalousie)

Condom (festival des bandas) (32)

**Juin**
Madrid (Communauté de Madrid)

Burgos (Castille-et-León)

Alicante (Communauté valencienne)

Grenade (Andalousie)

Badajoz (Estrémadure)

Algesiras (Andalousie)

Aire-sur-l'Adour (40)

Captieux (33)

La Brède (33)

Istres (13)

Saint-Gilles (13)

Saint-Sever (40)

**Juillet**
Pampelune (Pays basque)

Soria (Castille-et-León)

Teruel (Aragon)

Céret (66)

Éauze (32)

Lunel (34)

Mont-de-Marsan (40)

Saint-Vincent-de-Tyrosse (40)

Orthez (64)

Beaucaire (30)

Bayonne (64)

Azpeitia (Pays basque)

Santander (Cantabrie)

Boujan-sur-Libron (34)

Tarascon (13)

Hagetmau (40)

**Août**
Les Saintes-Maries-de-la-Mer (13)

Riscle (32)

Dax (40)

Béziers (34)

Saint-Sébastien (Pays basque)

Saint-Gilles (30)

Soustons (40)

Parentis-en-Born (40)

Millas (66)

Roquefort-des-Landes (40)

Mimizan (40)

Malaga (Andalousie)

Almeria (Andalousie)

Estang (32)

Bilbao (Pays basque)

Linares (Andalousie)

Cazaubon (32)

**Septembre**
Arles (13)

Bayonne (64)

Dax (40)

Nîmes (30)

Murcie (Murcie)

Albacete (Castille-La Manche

Salamanque (Castille-et-León)

Séville (Andalousie)

**Octobre**
Madrid (Communauté de Madrid)

Saragosse (Aragon)

Jaen (Andalousie)

Beaucaire (30)